C.H.BECK WISSEN
in der Beck'schen Reihe
2041

Wer etwas von den Grundlagen des Christentums und den vielfältigen Ausgangspositionen für die spätere Kirchengeschichte verstehen will, kann von einer Betrachtung seiner Anfänge nicht absehen. In dieser frühen Zeit erfolgten die entscheidenden Weichenstellungen für die weitere Entwicklung des Christentums. Alle christlichen Konfessionen bekennen sich zu den ersten Jahrhunderten der Kirchengeschichte als ihrem Fundament, sprechen ihnen mit Recht eine normative Bedeutung zu, betrachten sie als eine Richtschnur für die Kontrolle und Erneuerung der eigenen Entwicklung, als die Grundlage theologischer Diskussion und Verständigung in der christlichen Ökumene. So ist es eine zentrale und bedeutende, in der Darstellung höchst faszinierende Zeit, die in dem vorliegenden Band behandelt wird.

Friedhelm Winkelmann, Jahrgang 1929, arbeitete von 1955–1991 auf den Gebieten der Kirchengeschichte, Patristik und Byzantinistik an der Akademie der Wissenschaften zu Berlin. Von 1991–1996 lehrte er als Professor für Kirchengeschichte an den Universitäten Heidelberg, Rostock und Tübingen. Er hat zahlreiche Publikationen zur frühen und byzantinischen Kirchengeschichte vorgelegt.

Friedhelm Winkelmann

GESCHICHTE DES FRÜHEN CHRISTENTUMS

Verlag C.H. Beck

Mit einer Abbildung und einer Karte

Die Deutsche Bibliothek – CIP-Einheitsaufnahme

Winkelmann, Friedhelm:
Geschichte des frühen Christentums/Friedhelm Winkelmann. – München: Beck, 1996
  (Beck'sche Reihe; 2041: C. H. Beck Wissen)
  ISBN 3 406 41041 3
NE: GT

Originalausgabe
ISBN 3 406 41041 3

Umschlagentwurf von Uwe Göbel, München
© C. H. Beck'sche Verlagsbuchhandlung (Oscar Beck), München 1996
Gesamtherstellung: C. H. Beck'sche Buchdruckerei, Nördlingen
Gedruckt auf säurefreiem, alterungsbeständigem Papier
(hergestellt aus chlorfrei gebleichtem Zellstoff)
Printed in Germany

Inhalt

Einführung 7
1. Begrenzung und Zäsuren der Epoche 7
2. Hauptprobleme der Zeit des frühen Christentums . . 10
3. Die Quellensituation 12

I. Die Ausbreitung des Christentums in den ersten drei Jahrhunderten 17
   1. Missionsziele und -motivationen in urchristlicher Zeit 17
   2. Missionsmethoden 19
   3. Die geographische Ausbreitung des Christentums 21
   4. Die soziale Verbreitung des Christentums 23
   5. Äußere Bedingungen der Ausbreitung 27
   6. Gründe für die Ablehnung des Christentums . . . 30

II. Christen und Juden 34
   1. Der Beginn des Prozesses der gegenseitigen Entfremdung 34
   2. Die christliche theologische Verarbeitung der Trennung 40
   3. Verschärfung der christlichen Polemik 44

III. Das Christentum in der hellenistisch-römischen Geistes- und Glaubenswelt 53
   1. Die Vielfalt der hellenistisch-römischen Welt . . 53
   2. Vorbehalte und Polemik gegen das Christentum in den Schichten der Gebildeten 55
   3. Unterschiedliche christliche Beurteilungen der hellenistisch-römischen Geisteswelt 61
   4. Probleme der christlichen Inkulturation 65
   5. Bemühungen um die christliche Identitätsfindung in der hellenistisch-römischen Geisteswelt 69

6. Der christliche Anspruch auf religiöse und
   geistige Attraktivität 73

IV. Die Christen in der römischen Gesellschaft 78
   1. Ambivalentes Verhalten zur Gesellschaft 78
   2. Die Christen und der römische Staat 80
   3. Die Christenverfolgungen 86
   4. Reaktionen der Christen auf die Verfolgungen .. 93
   5. Aspekte christlicher gesellschaftlicher Innovation
      und Attraktivität 97

V. Die Herausbildung der frühkatholischen Kirche .. 101
   1. Die Entwicklung fester Leitungsstrukturen 101
   2. Die Entwicklung der römischen Gemeinde
      und des römischen Bischofsstuhles 104
   3. Die Entstehung des biblischen Kanons
      der beiden Testamente 108
   4. Die Bekenntnisbildung 110
   5. Die Ordnung des gottesdienstlichen und
      gemeindlichen Lebens 112

Zeittafel 117

Auswahl weiterführender Literatur 119

Glossar 121

Register 123

Frau stud. theol. Annett Schreiver (Tübingen) und Herrn stud. theol. Oliver Weidermann (Tübingen) danke ich für ihre sehr nützliche Hilfe bei der Endredaktion des Buches.

Einführung

Wer etwas von den Grundlagen des Christentums und den vielfältigen Ausgangspositionen für die spätere Kirchengeschichte verstehen will, kann von einer Betrachtung seiner Anfänge nicht absehen. In dieser frühen Zeit erfolgten nämlich die entscheidenden Weichenstellungen für die weitere Entwicklung des Christentums. In ihr gab es noch viele Ansätze für die unterschiedlichsten Entwicklungsmöglichkeiten, die dann aber später in einem Konsolidierungsprozeß eingegrenzt wurden.

Auch alle christlichen Konfessionen bekennen sich zu den ersten Jahrhunderten der Kirchengeschichte als ihrem Fundament, sprechen ihnen mit Recht eine normative Bedeutung zu, betrachten sie als eine Richtschnur für die Kontrolle und die Erneuerung der eigenen Entwicklung, als die Grundlage theologischer Diskussion und Verständigung in der christlichen Ökumene. Aus der frühen Zeit kamen aber auch immer wieder die Impulse für Interpretationen, die von der Großkirche als häretisch (von den Grundlagen des christlichen Glaubens abweichend) verurteilt wurden.

Es ist also eine zentrale und bedeutende, aber auch sehr komplizierte Zeit, die im folgenden zu behandeln ist, deren Probleme in der Forschung unterschiedliche Lösungsvorschläge gefunden haben.

1. Begrenzung und Zäsuren der Epoche

Schon der Versuch, diese Epoche zeitlich zu begrenzen, führte in der Forschung zu keinem einheitlichen Ergebnis. In diesem Buch beginnen wir mit der Zeit nach dem Tod Jesu, da durch die besondere Deutung seines Todes und den Glauben an seine Auferstehung eine neue Qualitätsstufe gegeben ist. Erst von diesem Zeitpunkt an und von diesen neuen Deutungszusammenhängen des Lebens Jesu aus läßt sich von urchristlichen Gemeinden reden. Es gibt in der Fachwissenschaft auch Vertreter eines Beginnes der Kirchengeschichte mit Jesu Leben; manche setzen sogar noch viel früher ein mit der Entwicklung des Judentums in der vorchristlichen hellenistisch-römischen Welt. Unsere Darstellung beginnt schon allein aus praktischen Gründen nicht beim Leben des Religionsgründers, da die Fülle der damit gegebenen Probleme und in der gegenwärtigen Forschung vertretenen Lösungsvorschläge den Rahmen der folgenden Ausführungen sprengen würde. Das Ende der Epoche der frühen Konsolidierung der Kirche wird mit der „Konstantinischen Wende" erreicht. Gemeint ist damit die Anerkennung des Christentums als eine mit anderen gleichwertige Religion und seine Förderung, die mit Kaiser Konstantin I. (306–337) nach der Diokletianischen Christenverfolgung (303–311/3) begann und den Prozeß der Entstehung einer römischen Reichskirche eröffnete – ein Prozeß, der am Ende des vierten Jahrhunderts einen vorläufigen Abschluß fand.

Schwieriger ist die Einteilung dieser Epoche in Perioden. Dabei sind keine klaren Abgrenzungen zu erreichen, da ja die unterschiedlichen geographischen, kulturellen und ethnischen Entwicklungen im Imperium Romanum zu berücksichtigen sind. Unter der Voraussetzung also, daß es Übergänge gab, lassen sich die folgenden Zeitabschnitte aus historischer Sicht benennen, wobei in der Forschung über diese Einteilung wiederum keine Einstimmigkeit herrscht:

Am Anfang steht die Generation der Apostel, deren Ende mit dem Tod der Hauptrepräsentanten erreicht war. Im Jahr 62 wurde der Leiter der judenchristlichen Gemeinde in Jerusalem, der Herrenbruder Jakobus, gesteinigt. Unter Kaiser Nero erlitten Paulus (zu Beginn der 60er Jahre) und wohl auch Petrus (in der Neronischen Verfolgung des Jahres 64) in Rom den Märtyrertod. Nicht unwichtig für das Urchristentum war auch der Beginn des ersten jüdischen Krieges (66 bis zur Zerstörung Jerusalems im Jahre 70), vor dem die judenchristliche Gemeinde Jerusalems der Nachricht Eusebs, des Chronographen, Kirchenhistorikers und Biographen Kaiser Konstantins I., zufolge (*Kirchengeschichte* 3, 5, 3) nach Pella im Ostjordanland entwich. Diese Angabe Eusebs wird heute zwar angefochten, nicht aber das Faktum, daß sich die Judenchristen in Palästina der jüdischen Erhebung gegen die römische Herrschaft verweigerten. Damit war eine Zäsur in ihrem Verhältnis zur übrigen jüdischen Bevölkerung gesetzt.

Die nächste Etappe wird als nachapostolische Zeit bezeichnet. Sie reicht etwa bis in den Beginn des zweiten Jahrhunderts. Charakteristisch für sie ist es, daß nun die Vertreter der ersten nachjesuanischen Generation zu Garanten der Authentizität von Lehre und Grundelementen der Organisation wurden. So kam es einerseits zur Sammlung und Zusammenfassung der vorhandenen Nachrichten über die Zeit Jesu und der Apostel und zu Versuchen der Festlegung einer bestimmten Interpretation dieses Materials. Das Selbstvertrauen zur eigenen theologischen oder seelsorgerlichen Äußerung fehlte noch bei vielen. Deshalb wurden Interpretationen oder Nachträge unter dem Namen von Aposteln veröffentlicht, in deren Tradition man zu stehen glaubte. Doch andererseits gab es auch bereits christliche Persönlichkeiten, die sich auf der Grundlage der apostolischen Verkündigung unter eigenem Namen äußerten.

Es folgt ein Abschnitt der Entwicklung, der den größten Teil des zweiten Jahrhunderts beanspruchte. Darin ist eine erste Konsolidierung von Klerus, Lehre, sakramentalem Selbstverständnis und Moralkodex zu beobachten, die eine Folge der Auseinandersetzung einerseits mit gnostischen christlichen Gemeinden und Lehren, andererseits mit Anfeindungen von seiten der Nichtchristen war. Man käme jedoch zu nicht genügend umfassenden Ergebnissen, würde man diese Zeit vorrangig unter dem Aspekt der späteren, siegreichen Großkirche betrachten und das von ihr als häretisch Gebrandmarkte nicht mit voller Aufgeschlossenheit verfolgen. Vor allem gilt es, sich nicht durch die Verdikte der Großkirche die Sicht trüben zu lassen. Dasselbe gilt auch für die Anwürfe von nichtchristlicher Seite, die uns auf so manche Schwachstelle der christlichen Entwicklung aufmerksam machen können.

Von ganz besonderer Bedeutung ist dann das dritte Jahrhundert, in dem das Christentum große Verbreitung fand und in dem sich die Institution der frühkatholischen Kirche festigen konnte. Nun erregten einzelne christliche Gelehrte auch in Kreisen der Gebildeten und an Fürstenhöfen Aufmerksamkeit und fanden Anerkennung. Es seien aus der ersten Hälfte des dritten Jahrhunderts nur beispielsweise die Namen der beiden Alexandriner Klemens und Origenes und des Verfassers der ersten christlichen Chronographie, Julius Africanus, genannt. Diese Entwicklung wurde in der Mitte des dritten Jahrhunderts durch zwei systematische und reichsumfassende Verfolgungen (250/1 und 257/8) unterbrochen. Die schlechte außen- und innenpolitische Lage des Reiches führte nämlich zu einer Rückbesinnung auf die alten römischen Werte und religiösen Strukturen, die im Jahr 248, dem Jahr der 1000-Jahr-Feier Roms, einen Konzentrationspunkt fand.

Darauf folgte für die Kirche eine etwa 40jährige Friedensperiode, die durch eine tiefgehende Zäsur beendet wurde, nämlich durch die systematischste und längste Verfolgung der Christen. Sie dauerte von 303 bis 311/313. Durch Werke von zwei Zeitzeugen, des griechischen Kirchenhistorikers Euseb von Caesarea (um 260/65 – um 238/9) und des lateinischen christlichen Philosophen Laktanz (gest. um 325), können wir die Tiefe des Schocks für die Christen erahnen. Mit um so größerem Jubel wurde die „Konstantinische Wende" begrüßt.

2. Hauptprobleme der Zeit des frühen Christentums

Die folgenden Problemkreise sollen im Zentrum unserer Darstellung stehen:

Das Christentum eroberte in den ersten Jahrhunderten seiner Existenz Schritt für Schritt das ganze Imperium Romanum. Es breitete sich auch unter Persern, Armeniern, Georgiern, Äthiopiern, Sudanesen, Indern, Arabern, Asiaten, Germanen und Slawen aus und griff seit Beginn der Neuzeit auf neuentdeckte Erdteile über, hatte allerdings auch Rückschläge hinzunehmen, vor allem durch die Entstehung und Ausbreitung des Islams seit dem siebenten Jahrhundert, der in einem Teil christlicher Gebiete, nämlich im Vorderen Orient, in Nordafrika und in Asien, die Oberhand gewann.

Der eindrucksvolle und kontinuierliche Siegeszug des Christentums in den ersten Jahrhunderten seiner Existenz war nicht selbstverständlich. Entstanden war es ja am Rande des römischen Weltreiches in einer nicht sehr bedeutenden Provinz des Imperiums, weit entfernt von den Zentren der damaligen Macht. Es berief sich auf einen als politischen Verbrecher rechtskräftig Verurteilten, der die Todesstrafe der niedersten sozialen Schichten erlitten hatte. Das waren in der damaligen Welt wenig empfehlenswerte Ausgangspositionen. Zudem trat es nicht in ein religiöses und kulturelles Vakuum ein oder in eine Zeit des Römischen Reiches, die durch ein politisches, soziales oder ökonomisches Chaos gekennzeichnet gewesen wäre. Die Epoche des Augustus und seiner Nachfolger galt vielen Zeitgenossen gerade als eine Zeit des besonderen Glanzes. Das Reich war ein geordnetes Gemeinwesen. Eine Beantwortung der Frage nach den Gründen und Problemen der stetigen Ausbreitung des frühen Christentums wird auf S. 17–29. 73–77. 97–100 gesucht.

Weder an einer Veränderung noch an einer Stabilisierung der politischen, gesellschaftlichen und wirtschaftlichen Verhältnisse waren die ersten Gemeinden interessiert, vielmehr lebten sie ausgerichtet auf das kommende Reich Gottes und in Erwartung der Wiederkunft Christi in naher Zeit. Die Christen der apostolischen Epoche glaubten, dieses Ziel noch zu ihren Lebzeiten zu erreichen. Warum und wie vollzog sich nun der Wandel zu einer kirchlichen Organisation, die Verantwortung für die Gesellschaft übernehmen wollte und die sich zu einer durchaus machtorientierten Weltorganisation entwickelte - wenn es auch ständig innere Oppositionsbewegungen gegen diese Entwicklung gab? Diese Problematik wird auf S. 78–97. 101–118 behandelt.

Im Schoße des Judentums entstand das Christentum. Hier finden sich seine Wurzeln und mit der jüdischen Bibel, dem christlichen Alten Testament, eine seiner tragenden Säulen.

Doch führte die Bemühung um die Behauptung der eigenen Identität auf beiden Seiten dazu, daß an die Stelle des Wissens um die Gemeinsamkeit eine unerbittliche Konkurrenz trat. Den Gründen für den Prozeß der Entfremdung wird auf S. 34–52 nachgegangen.

Die große Spannung zwischen der biblisch fundierten, christlichen Identität und der Inkulturation in die hellenistische Welt ist nicht zu übersehen. War mit dem Übergang vom Christentum als jüdischer Sekte zu einer Weltreligion ein Substanzverlust verbunden oder stellte er eine notwendige Erweiterung dar? Dieses Problem wird uns auf S. 53–77 beschäftigen.

Natürlich ist die Fachwissenschaft noch durch viele weitere, speziellere Problemstellungen bestimmt. In diesem Buch wollen wir uns aber auf die genannten Fragenkomplexe beschränken, da sie sich vor allem aus Erfahrungen unserer Zeit ergeben und aus diesem Grunde ihre Behandlung auch ein allgemeineres Interesse erwarten läßt.

3. Die Quellensituation

Die Beantwortung der genannten Fragen hängt weitgehend von der Quellenlage ab. Diese ist für die einzelnen Zeitabschnitte unterschiedlich gut. Es überwiegen christliche Quellen bei weitem, und es ist besonders schriftliches Material, das uns für die frühchristliche Epoche überliefert ist, also Evangelien, Briefe, Apostelgeschichten, Apokalypsen, Predigten, Dichtung, Martyrienberichte, Weisheitsschriften, Dialoge, Theologisches, Rechtsschriften, Inschriften und Papyri.

Für die Zeit bis in die erste Hälfte des zweiten Jahrhunderts sind zunächst die in den neutestamentlichen Kanon aufgenommenen Schriften zu nennen. Seine ältesten Zeugnisse sind die authentischen Paulusbriefe, von denen wiederum einige aus mehreren kleineren eigenständigen Briefen bestehen. Am Beginn steht der kurz nach dem Jahr 50 abgefaßte erste Brief an die Gemeinde zu Thessalonike, am Ende der Brief an die römische Gemeinde. Dazwischen liegen der erste und zweite

Brief an die Korinther, die Briefe an die Galater, Philipper und an Philemon. Etwa im Jahre 70 wurden das Markusevangelium, darauf das Matthäusevangelium, zwischen 80 und 90 das Doppelwerk des Lukas, nach 90 das Johannesevangelium und um 95 die Offenbarung des Johannes verfaßt. Authentizität und Datierung der übrigen Briefe des Neuen Testaments sind in der Forschung umstritten. Die spätesten gehören wohl in das zweite Viertel des zweiten Jahrhunderts.

Für die historische Arbeit sind weiterhin die nicht in das Neue Testament aufgenommenen Schriften gleichermaßen wichtig. Es handelt sich dabei teils um Werke, die in ihrem theologischen Gehalt den neutestamentlichen Schriften gleichwertig sind, und teils um Evangelien, Briefe, Apostelgeschichten, Apokalypsen und andere Zeugnisse, die entweder dem Erbauungs- oder dem Unterhaltungsbedürfnis breiter Kreise entsprachen oder häretischen theologischen Deutungen entsprangen. Sie alle sind für die geistige, theologische, soziale Situation der Christen sehr aufschlußreich und dürfen deshalb vom Historiker nicht ausgeschlossen werden, nur weil sie Gedankengut enthalten, das später als häretisch ausgeschieden wurde oder der frommen Phantasie zuzuordnen ist.

Unsere Kenntnis der gnostischen Erlösungslehre ist durch den nach dem zweiten Weltkrieg bei dem ägyptischen Dorf Nag-Hammadi gemachten Papyrusfund von 13 Handschriftenbänden mit 52 Einzelschriften, die griechisch-gnostische Evangelien, Apostelgeschichten, Dialoge, Apokalypsen, Weisheitsbücher, Briefe, Predigten und anderes in koptischer Übersetzung bieten, ganz wesentlich erweitert worden.

Für die folgende Zeit gibt es an christlicher Literatur neben diversen theologischen Schriften Martyriumsberichte, Kirchenordnungen, liturgische Texte und Chroniken. Leider ist die Quellenlage gerade für die zweite Hälfte des dritten Jahrhunderts, die oben als eine sehr wichtige Etappe der Entwicklung benannt wurde, unter kirchenhistorischer Sicht nicht gut. Von unschätzbarem Wert ist für die Darstellung der ersten drei Jahrhunderte des Christentums das Kirchengeschichtswerk des Euseb von Caesarea. In zehn Büchern umfaßt es die

Zeit von der Urgemeinde bis zur Alleinherrschaft Konstantins I. (324). In mehreren Revisionen, die auf die jeweiligen politischen Veränderungen Bezug nahmen, entstand es vom Ende des dritten Jahrhunderts an bis 325/6. Euseb hat viele Quellen verwertet, die uns nicht mehr erhalten sind, und aus ihnen auch wörtlich zitiert.

Neben den genannten Zeugnissen stehen auch Sachreste zur Verfügung. Sie gestatten uns einen tiefen Einblick in das Alltagsleben der Christen und ihrer Gemeinden.

Die für eine Beurteilung der Entwicklung des Christentums sehr bedeutsamen nichtchristlichen Nachrichten treten hinter den christlichen leider zurück. Als Gründe dafür sind einmal Desinteresse am Christentum in der es umgebenden Gesellschaft zu nennen – das trifft vor allem für das erste Jahrhundert zu –, zum anderen die spätere Unterdrückung der Überlieferung kritischer Äußerungen durch die siegreiche Kirche. Vor allem aus christlichen Gegenschriften sind kritische heidnische Äußerungen zu erschließen. Am berühmtesten ist das um 178 verfaßte, uns nicht erhaltene antichristliche Werk des Kelsos *Der wahre Logos*, das jedoch aus der 80 Jahre später abgefaßten Widerlegung des Origenes in wesentlichen Zügen und in vielen wörtlichen Zitaten rekonstruierbar ist. Das noch bedeutendere, etwa 100 Jahre nach der Analyse des Kelsos verfaßte, antichristliche Werk des Porphyrios wurde aufgrund eines im Jahre 448 veröffentlichten Gesetzes der Kaiser Theodosius II. und Valentinian III. verbrannt. Es hatte mehrere christliche Gegenschriften hervorgerufen, die jedoch nur wenige zuverlässige Zitate aus dem angefochtenen Werk bewahrten.

Leider ist auch die Quellenlage für eine befriedigende Einordnung des Christentums in die römische Gesamtgesellschaft ungünstig. Gerade die für eine Beurteilung der Charakteristika und der Abweichungen des Christentums von seiner Umwelt wichtigen Aspekte des römischen Alltagslebens, der Empfindungen der Menschen, des engeren, innerfamiliären Lebensbereiches, der Maßstäbe und der Zielvorstellungen des Lebens, der moralischen Leitlinien unter den mittleren und unteren Schichten des Volkes werden uns in den vorhandenen Zeugnissen nicht recht deutlich. Unser Wissen über solche Bereiche basiert vornehmlich auf Quellen aus den obersten Schichten oder auf christlicher Polemik. Es ist fraglich, ob das so gewonnene Bild verallgemeinert werden darf.

Der Bedeutung des Themas entsprechend, haben alle an der Epoche der römischen Kaiserzeit interessierten wissenschaftlichen Disziplinen zu seiner Erforschung wesentliche Beiträge geliefert und verständlicherweise auch recht konträre Ergebnisse und Beurteilungen erzielt. Bei dem begrenzten Umfang dieses Buches ist jedoch weder die Darlegung der Forschungssituation noch die Auseinandersetzung mit abweichenden Meinungen möglich. Am Ende des Bandes steht jedoch eine Auswahl von Titeln, die tiefer in die Probleme einführen und umfangreichere Hinweise auf Literatur enthalten.

In das Register sind nur Namen und Themen aufgenommen, die nicht schon dem Inhaltsverzeichnis zu entnehmen sind.

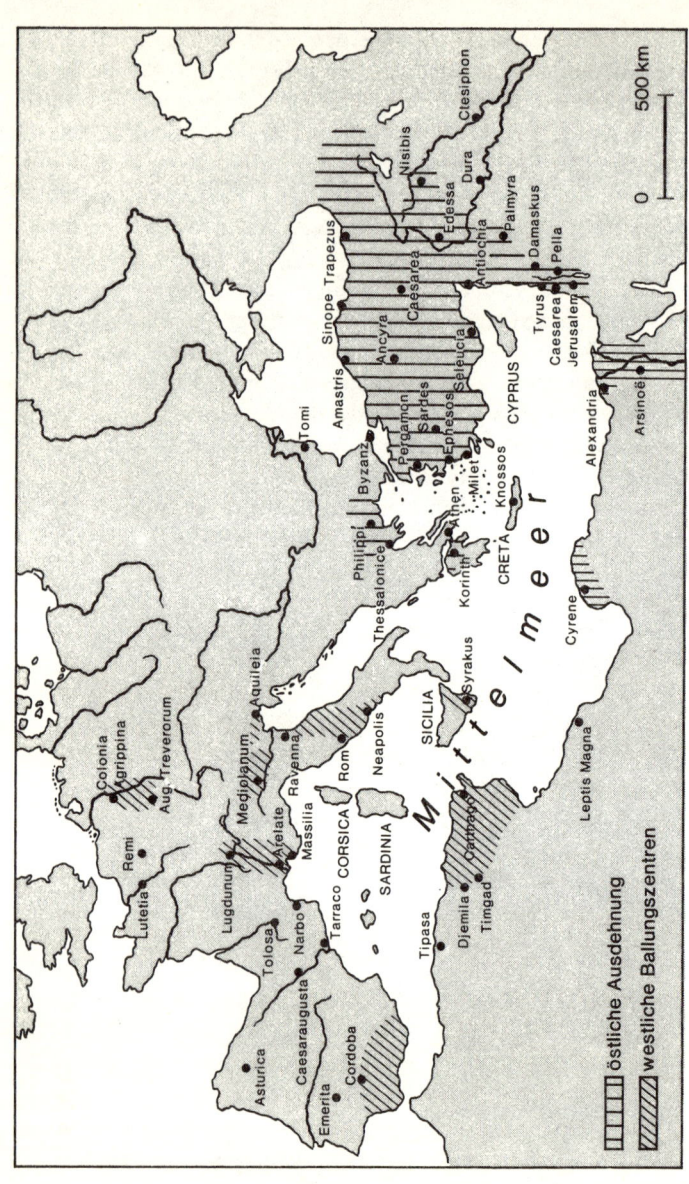

Die Gebiete der größten Verbreitung des Christentums am Ende des 3. Jahrhunderts
(W. Dahlheim: Die Antike, Paderborn 1994, 585; mit freundlicher Erlaubnis des Verlags Ferdinand Schöningh)

I. Die Ausbreitung des Christentums in den ersten drei Jahrhunderten

1. Missionsziele und -motivationen in urchristlicher Zeit

Das nach dem Jahre 70 in Syrien geschriebene *Matthäusevangelium* schließt mit einem Missionsbefehl:

„Darum geht hin und macht alle Völker zu meinen Jüngern. Tauft sie auf den Namen des Vaters und des Sohnes und des Heiligen Geistes und lehrt sie, alles zu halten, was ich euch geboten habe. Und siehe, ich bin bei euch alle Tage, bis diese Weltzeit sich vollendet." (28, 19f.) Diese Auffassung repräsentiert jedoch schon eine spätere Entwicklungsstufe und ist nicht die Meinung der ersten urchristlichen Gemeinden in Palästina. Diese besaßen vielmehr kein auf die Missionierung der ganzen Welt ausgerichtetes Ziel. Sie verstanden sich als eine innerjüdische Reformbewegung bei voller Einhaltung der jüdischen kultischen und ethischen Verpflichtungen, also des jüdischen Gesetzes, der Thora. Die Botschaft, daß mit Jesus der erwartete Messias bereits gekommen sei, galt dem „Hause Israel". Diese Situation spiegelt sich zum Beispiel deutlich in den Jesusworten, die nur im *Matthäusevangelium* 10, 5f. und 15, 24 bewahrt wurden, wider: „Geht nicht auf den Abweg zu den Heiden, betretet auch keine Stadt der Samariter! Geht vielmehr zu den verlorenen Schafen aus dem Hause Israel" und „Er [Jesus] antwortete: ,Ich bin nur zu den verlorenen Schafen des Hauses Israel gesandt'". Der Missionsgedanke war dem Christentum also von Anfang an zu eigen, nicht aber war ursprünglich eine Ausbreitung über die jüdische Gesellschaft hinaus geplant.

Die Erfolge unter den Juden waren aber sehr gering. Dagegen fand das Christentum gerade in der nichtjüdischen hellenistischen Welt Interesse und Verbreitung. Eine Begrenzung allein auf thoratreue Juden war in einer vom Hellenismus geprägten Welt, mit ihrem lebhaften geistigen Austausch, ja gar nicht möglich. Jüdische Pilger aus der Diaspora versammelten sich an den hohen Festtagen in Jerusalem. So konnte die neue jüdische Sekte auch hellenistisch geprägten Diasporajuden nicht verborgen bleiben, die ihre Kenntnisse unter Juden und Nichtjuden im Reich weiter verbreiteten. Dieser neuen Situation hatte man sich zuerst in der christlichen Gemeinde der syrischen Metropole Antiocheia gestellt und sich hier um einen Konsens zwischen christlichen Juden und Nichtjuden bemüht. Von Antiocheia ging auch die erste gezielte Heidenmission aus. Und von dieser Gemeinde war auch der Apostel Paulus entscheidend geprägt.

Von den sich aus solchen Anforderungen ergebenden Problemen für die eigene christliche Identitätssuche der urchristlichen Gemeinden, von den Spannungen und Zerreißproben zwischen den unterschiedlichen Konzeptionen der thoratreuen Judenchristen, der thorafreien Judenchristen und der Heidenchristen bieten die Apostelgeschichte und die Paulusbriefe ein gutes Bild. Von der Vereinbarung auf dem Apostelkonzil in Jerusalem im Jahre 48/49 berichten uns *Apostelgeschichte* 15 und das 2. Kapitel des *Galaterbriefes* des Paulus. Die Judenchristen Jerusalems waren vor allem durch den Herrenbruder Jakobus, Petrus und Johannes, die antiochenische Gemeinde durch Barnabas und Paulus vertreten. Als Ergebnis wurde den Heidenchristen die Befolgung der kultischen Vorschriften der Thora erlassen, nicht jedoch die Einhaltung der moralischen jüdischen Grundsätze. Bei einem Besuch von Jakobus und Petrus in Antiocheia kam es dann aber doch in dieser Frage zu einer Spaltung der Gemeinde, so daß Paulus nun seine eigenen Wege ging. In bitterem Ton berichtete Paulus im Galaterbrief darüber.

Welches sind die Motivationen für die Mission? Es ist die Vermittlung des Heilsangebotes, von dessen Einmaligkeit man zutiefst überzeugt war. Umstritten ist in der Forschung, ob die Aussagen im *Matthäusevangelium* 24, 14 „Und diese Botschaft vom Reich (Gottes) wird in der ganzen Welt verkündigt werden allen Völkern zum Zeugnis. Und erst dann wird das Ende kommen" und im *Markusevangelium* 13, 10 „Denn allen Völkern muß zuvor [vor dem Kommen des Herrn] die Heilsbotschaft verkündigt werden" die ursprüngliche Motivation wiedergeben oder erst einem späterem Stadium der Entwicklung zuzuordnen sind, als für die Verzögerung des Kommens des Gottesreiches eine Erklärung gesucht wurde. Dieses Motiv spielte jedenfalls schon sehr früh eine Rolle.

2. Missionsmethoden

Am Anfang stand also weder eine allgemein akzeptierte Zielstellung der christlichen Mission noch eine einheitliche Methode. Das *Markusevangelium* läßt uns prophetische Wanderprediger in Palästina erkennen: „Da rief er [Jesus] die Zwölf zu sich, sandte sie zu zweien aus und gab ihnen Macht über die unreinen Geister und wies sie an, nichts mit auf den Weg zu nehmen außer einem Stab, kein Brot, keinen Ranzen, kein Geld im Gürtel, nur mit Sandalen an den Füßen, und ‚Zieht nicht zwei Hemden an!' Und er sagte zu ihnen: ‚Wo ihr in ein Haus eingekehrt seid, da bleibt, bis ihr den Ort verlaßt! Und wo man euch in einem Ort nicht aufnimmt und euch nicht hören will, da geht fort und schüttelt den Staub von euren Füßen – ihnen zum Zeugnis." (6, 7–11) Namen von Missionaren und andere Missionsmethoden überliefern uns die Apostelgeschichte und die Paulusbriefe, doch bleibt ein großer Teil der Missionare für uns namenlos und unbekannt. Die weitaus besten Informationen haben wir über den Apostel Paulus, zum einen weil seine Briefe auf private, organisatorische, praktische Probleme eingehen, zum anderen weil Lukas, der Verfasser der Apostelgeschichte, aus dem paulinischen Kreis stammte.

In seinem *Brief an die christliche Gemeinde zu Rom* schrieb Paulus über seine Strategie: „Und so habe ich von Jerusalem aus ringsum bis nach Illyrien die Christusbotschaft vollstreckt. Dabei habe ich meine Ehre dareingesetzt, Christus nicht dort zu verkündigen, wo sein Name schon genannt ist. Denn ich will nicht auf fremdem Fundament bauen ... Vielfach bin ich zwar gehindert worden, zu euch zu kommen. Doch jetzt hält es mich nicht mehr in den hiesigen Gebieten. Schon seit vielen Jahren verlangt es mich, zu euch zu kommen, um bis nach Spanien zu gelangen." (15, 19f. 22–24) Paulus hatte drei große Missionsreisen unternommen, die ihn von Antiocheia nach Zypern, nach Kleinasien, nach Makedonien, Illyrien und in die Peloponnes führten. Jetzt wandte er sich der westlichen Reichshälfte zu, bis an deren westliche Grenze er vorstoßen wollte. Diese Absicht konnte er nicht mehr realisieren, da er wohl Anfang der 60er Jahre in Rom hingerichtet wurde.

Seine Zielstellung war erstaunlich weitsichtig. Zwar reichte sie nicht über die Grenzen des Imperium Romanum hinaus zu den Barbarenvölkern, doch war es ein umfassender Plan, der Paulus von vielen anderen Missionaren unterschied. In der Frage, ob diese Strategie sich bereits in der Gemeinde Antiocheias herausgebildet und Paulus sie von dort übernommen hatte oder ob sie erst von Paulus im Laufe der Zeit und aufgrund seiner Erfahrungen entwickelt wurde, scheint mir die letzte Annahme angemessener zu sein. Ausgeschlossen aus dem Plan des Paulus blieben Ägypten, Nordafrika, der Osten und die nördlichen Teile des Reiches. Der Grund ist wohl darin zu suchen, daß dort bereits andere Missionare tätig waren. Paulus suchte Neuland.

Seine Mission orientierte sich an den großen, bedeutenden Städten. Sie waren entweder Handelszentren oder Knotenpunkte der großen Straßen oder Hafenstädte oder Verwaltungszentren der Provinzen. Es seien hier nur Ephesos, Thessalonike, Philippi und Korinth hervorgehoben. Paulus als Städter, geboren in Tarsos in Kilikien, Inhaber des römischen Bürgerrechts, einen städtischen Handwerksberuf (Zeltmacher) ausübend, war am Land wenig interessiert, kannte wohl auch dessen Probleme kaum und konzentrierte seine Aktivität deshalb ganz selbstverständlich auf die großen Städte. In diesen schuf er sich einen örtlichen Mitarbeiterstab, der für die weitere Betreuung der Gemeinden und für die Ausbreitung in der Region zuständig war. Er selbst verfolgte eine großflächige Streuung des Evangeliums. Wenn die ganze Welt vom Evangelium gehört hatte, war seiner Meinung nach der Zeitpunkt der Wiederkehr Christi erreicht. Daher die Eile und das

Großflächenprinzip des Paulus. Erfolge hatte er vornehmlich unter den dem Judentum zuneigenden heidnischen oder rein heidnischen Familien. Sie bildeten den Kern sowohl für die Sammlung als auch für die weitere Ausbreitung der Gemeinde.

An diesem Missionsprinzip hat sich in der gesamten vorkonstantinischen Zeit nichts Grundlegendes geändert. Folglich überwog in dieser Epoche der urbane Charakter des Christentums. Doch drang das Christentum von den Städten aus in je nach den Regionen unterschiedlicher Weise auch auf das Land vor, wie Inschriften und literarische Belege bezeugen. Aber dem Land wurde kirchlicherseits eben doch nur eine untergeordnete Rolle zugebilligt. Die einflußreichen Bischofssitze und Gemeinden waren in den Städten. Erst als sich die Asketen seit dem dritten Jahrhundert in wüste oder ländliche Gebiete zurückzogen, wirkte das Christentum wesentlich intensiver auf das Land ein. Auch blieb die Mission eine Aufgabe des einzelnen Christen, sie wurde nicht als eine Aufgabe der kirchlichen Institution verstanden. Zwar begegnen uns in der *Didache* (*Lehre der zwölf Apostel*; Anfang des zweiten Jahrhunderts) noch die Ämter der Apostel und Propheten, also die Funktion der Wanderprediger – solche Funktionen wurden später durch das Bischofsamt aufgesogen –, doch gab es in den ersten Jahrhunderten nicht den institutionalisierten Missionar. Erst seit der „Konstantinischen Wende" im vierten Jahrhundert wandelte sich der Charakter der christlichen Mission, da nun Bischöfe und Kaiser an der Ausbreitung des Christentums in den römischen Provinzen und unter den außerhalb des Reiches wohnenden Völkern und Stämmen Interesse zeigten. Mission war nun auch mit kulturellen und politischen Intentionen verbunden.

3. Die geographische Ausbreitung des Christentums

Über die weitere Ausbreitung des Christentums sind wir bei weitem nicht so gut informiert wie über die paulinische Mission. Wir müssen das Anwachsen der Bewegung aus beiläufigen Bemerkungen in christlichen literarischen Zeugnissen,

Märtyrerakten, aus Bischofslisten, Bischofsunterschriften unter Synodalprotokollen, aus Papyri und Inschriften, aus archäologischen Zeugnissen, zudem aus einzelnen Stellen in nichtchristlicher Literatur erschließen. Die Auswertung dieses Materials ist mit vielen Problemen verbunden, und die Nachrichten darüber sind mehr zufällig überliefert. Das gilt sowohl für die geographische Verteilung als auch für die zeitliche Progression. Die Ausbreitung des Christentums muß aber in der ersten Hälfte des dritten Jahrhunderts einen solchen Grad erreicht haben, daß zwei speziell gegen Christen gerichtete, reichsumfassende Verfolgungen initiiert wurden: 257/8 unter Kaiser Valerian und die schlimmste von 303 bis 311/3 unter den Kaisern der Tetrarchie (Diokletianische Verfolgung). 311 mußte Kaiser Galerius in einem Edikt eingestehen, daß die Verfolgung gescheitert war, die Konsolidierung der Kirche war schon zu weit fortgeschritten.

Allerdings sind starke regionale Unterschiede zu beachten. In seinem Standardwerk *Die Mission und Ausbreitung des Christentums in den ersten drei Jahrhunderten* nannte Adolf von Harnack für das Ende des dritten Jahrhunderts den folgenden Stand der Christianisierung und unterschied dabei vier Kategorien der Intensität der Ausbreitung im Imperium Romanum: 1) Anfang des vierten Jahrhunderts sei in den folgenden Gebieten nahezu die Hälfte der Bevölkerung christlich gewesen: Kleinasien, Thrakien, Zypern, Edessa und Armenien, das nicht zum Reich gehörte und in dem schon um 280/290 das erste Staatskirchentum entstand. 2) Anfang des vierten Jahrhunderts habe sich ein erheblicher Anteil der Bevölkerung zum Christentum bekannt in Antiocheia und Coelesyrien (südliche syrische Provinz), Alexandreia und der Thebais, Rom und Teilen von Unter- und Mittelitalien, Africa proconsularis und Numidien, Südspanien, Achaia, Thessalien, Makedonien, an der Südküste Galliens und im Rhonetal. 3) Weniger Verbreitung habe das Christentum gefunden in Palästina, Phönizien, Arabien, Mesopotamien. 4) Spärlich oder kaum finde man in dieser Zeit das Christentum in großen Teilen der Westhälfte des Reiches.

Wenn man sich die Ausgangslage der Urgemeinden vergegenwärtigt und mit ihr die Situation am Ende des dritten Jahrhunderts vergleicht, kann man mit Recht von einer erstaunlichen Expansion sprechen. Hypothetisch bleiben jedoch alle Versuche, die Größe der Gemeinden und das Zahlenverhältnis zu den Nichtchristen bestimmen zu wollen. Heiden finden wir in größerer Zahl auch noch nach der im vierten Jahrhundert erfolgten Anerkennung des Christentums durch den römischen Staat, trotz aller antiheidnischen Gesetze christlicher Kaiser und trotz der Zwangsbekehrungen im sechsten Jahrhundert.

Mindestens ebenso wichtig wie die Untersuchung der geographischen Ausbreitung ist die der Verbreitung des Christentums in den verschiedenen sozialen Schichten der Bevölkerung.

4. Die soziale Verbreitung des Christentums

Die Städte waren die Träger der hellenistischen Mischkultur, wogegen das Land in den einzelnen Provinzen noch stark an den regionalen vorhellenistischen und vorrömischen Kulturen orientiert war. Die Konzentration auf die Städte bot dem Christentum also einen das ganze Reich umfassenden gleichen kulturellen Rahmen. Das ermöglichte eine rasche Ausbreitung.

Die Städte waren auch die Stützen der römischen Verwaltung, des römischen Systems, der römischen Herrschaft. Deshalb hatten die Kaiser den Städten immer mehr Rechte und Ausnahmeregelungen zugestanden – meist auf Kosten der Bauern, obgleich ja die Landwirtschaft die ökonomische Basis des Reiches darstellte. So empfand man auf dem Lande keine Sympathie für die Machtstellung der Städte.

Diese boten eine sehr komplexe soziale Struktur. In einer neuen Untersuchung heißt es dazu: „Der Großteil der Bevölkerung in den Großstädten des Imperium Romanum lebte in allergrößter Armut in Slums und war den Risiken von einstürzenden Mietshäusern, Bränden und durch die schlechten sanitären Verhältnisse veranlaßten Krankheiten und Seuchen ausgesetzt. Bettler waren ein typisches Erscheinungsbild ...

Zu einem großen Teil rekrutierten [sie] sich ... aus ‚Problemfällen‘: Genannt werden immer wieder die Alten, Kranken und Krüppel. Ein weiterer ansehnlicher Teil der städtischen Armen wurde von Witwen und Waisen gestellt, die den Familienvorstand verloren hatten." (Jens-Uwe Krause, *Witwen und Waisen im römischen Reich*, Bd. 1, Stuttgart 1994, 161)

Gleichwohl ist die Meinung, das Christentum sei vornehmlich eine Bewegung der Sklaven und der untersten Schichten der Städte gewesen, überholt. Soziale Niedrigkeit, die man in dieser Zeit mit moralischer Unterwertigkeit gleichsetzte, wurde den Christen von ihren Gegnern vorgeworfen. In seinem Dialog *Octavius* (gegen Ende des zweiten Jahrhunderts) hat Minucius Felix diese Vorwürfe zusammengefaßt, indem er sie dem heidnischen Dialogpartner in den Mund legte: „Aus der untersten Hefe des Volkes sammeln sich da die Ungebildeten und die leichtgläubigen Weiber, die wegen der Beeinflußbarkeit ihres Geschlechtes ohnedies auf alles hereinfallen ... eine obskure, lichtscheue Gesellschaft, stumm in der Öffentlichkeit, in Winkeln geschwätzig ... selbst bemitleidenswert, schauen sie ... mitleidig auf unsere Priester herab; selbst halbnackt, verachten sie Ämter und Würden." (8, 4f.; Übers. B. Kytzler, München 1965, S. 67. 69)

Christliche Schriftsteller haben sich vehement gegen solche Vorwürfe gewandt, sowohl gegen den Vorwurf der Dummheit wie gegen den der sozialen Niedrigkeit.

Aus der irrigen Annahme, das frühe Christentum sei in den untersten Volksschichten verankert gewesen, ergab sich die weitere Hypothese, seine schnelle Ausbreitung finde darin eine Erklärung, daß das Christentum von revolutionären Grundstimmungen in der römischen Gesellschaft profitiert habe. Auch diese Annahme führt in die Irre, da sich das Christentum wenig zur Führerin in sozialen Auseinandersetzungen eignete. Es hatte keinen revolutionären Charakter, und es vertrat auch keine Konzeptionen, die die sozialen Strukturen der Gesellschaft verändern sollten.

Leider ist für keine der christlichen Gemeinden der ersten drei Jahrhunderte eine auch nur annähernd genaue Erhebung ihrer sozialen Struktur möglich. Das gilt selbst für die Großstädte Rom, Alexandreia, Antiocheia und Karthago, über die wir noch am besten informiert sind. Für Karthago besitzen wir die größte archäologische und literarische Informationsbreite um das Jahr 200. Eine Untersuchung der betreffenden Quellen hat ergeben, daß das Gros der christlichen Gemeinden sozialgeschichtlich im dunkeln bleibt. Die untersten sozialen Schichten und die Sklaven scheinen jedoch nur eine Minderheit der Großkirche ausgemacht zu haben. Die Masse rekrutierte sich aus den mittleren Schichten, den Handwerkern und Händlern. Leider lassen sich wegen des Mangels an Quellen haretische Gemeinden in sozialer Hinsicht überhaupt nicht umfassender untersuchen.

Die Sklaven in den Städten bildeten unter sozialen Gesichtspunkten eine sehr differenzierte Gruppe. Ihr Los war mit dem der Sklaven auf dem Lande nicht zu vergleichen. Sie gehörten zu den Schichten, die sich dem römischen System mit Optimismus unterordneten, da es ihnen die Freilassung und den sozialen Aufstieg ermöglichte. Das Christentum setzte sich im allgemeinen nicht für die Veränderung ihrer rechtlichen Position ein. Paulus hatte im ersten *Brief an die Korinther* als Grundsatz formuliert: „Bist du als Sklave berufen? Laß es dir nicht leid sein! Selbst wenn du die Möglichkeit hast, frei zu werden, so bleibe gleichwohl um so lieber (in deinem Stande)." (7, 21) Dieser Standpunkt wird dann auch in den späteren Schriften des Neuen Testaments beibehalten. Der erste *Petrusbrief* betont, daß man sich auch launischen Herren unterzuordnen habe (2, 18). Immerhin boten die christlichen Gemeinden Sklaven und Freigelassenen soziale Nähe und das Gefühl menschlicher Wertschätzung.

Einen nicht unbeträchtlichen Teil der Gemeinden mögen Witwen und Waisen gebildet haben, die im römischen Reich rechtlich und praktisch besonders unterprivilegiert und dem größten Elend ausgeliefert waren. Auch war an der Zahl der Christen der Anteil alleinstehender Frauen hoch, die entweder in den christlichen Gemeinden karitative Dienste versahen oder versorgt wurden und Achtung fanden. Daraus erklärt sich der verächtliche Vorwurf von heidnischer Seite, „leichtgläubige Weiber" gäben bei den Christen den Ton an.

Wie den Briefen des Paulus und der Apostelgeschichte des Lukas zu entnehmen ist, gab es schon in frühester Zeit zahlreiche wohlhabende Gemeindeglieder. Doch blieb die Beurteilung des Reichtums ein großes Problem. Strikte Ablehnung vertraten asketische Richtungen. Sie konnten sich auf ein Evangelienzitat berufen: „Leichter kommt ein Kamel durch ein Nadelöhr als ein Reicher in das Reich Gottes." (*Matthäusevangelium* 19, 24 u.a.) Noch unversöhnlicher war die Beurteilung, die sich im *Jakobusbrief* findet, der gegen Ende des ersten Jahrhunderts verfaßt wurde: „Und nun zu euch, ihr Reichen! Heult und wehklagt über die Nöte, die euch bevorstehen. Euer Reichtum ist faul geworden, eure Kleider sind von Motten zerfressen, euer Gold und Silber verrostet; und dieser Rost wird zum Zeugnis gegen euch dienen und euer Fleisch aufzehren wie Feuer. So geht es euch in den letzten Tagen mit den Schätzen, die ihr euch gesammelt habt! Siehe, der Lohn, den ihr den Arbeitern vorenthalten habt, die eure Felder abgeerntet haben, schreit laut; das Schreien der Erntearbeiter ist zu den Ohren des Herrn Zebaoth gedrungen. Geschwelgt habt ihr auf Erden und gepraßt, habt zu essen gehabt, was das Herz begehrte, als schon Gerichtstag war; habt den Gerechten verurteilt und umgebracht – er kann euch ja keinen Widerstand entgegensetzen." (5, 1–6)

Eine andere Haltung ähnelte dem stoischen Ideal der Selbstgenügsamkeit. Paulus brachte es zum Ausdruck: „,Alles ist mir erlaubt!' – jawohl! Aber nicht alles dient zum Guten! ,Alles ist mir erlaubt' – aber ich werde mich doch nicht von irgendetwas beherrschen lassen." (1. *Korintherbrief* 6, 12) Auf solcher Grundlage entwickelte sich die Vorstellung, daß der Christ mit dem Reichtum Gutes tun solle. Schon in den Pastoralbriefen wird das zum Ausdruck gebracht: „Gutes tun sollen sie [die Reichen], reich an guten Taten werden, gern abgeben, mitteilen und sich dadurch ein kostbares Guthaben ansammeln, einen schönen Grundstock für die Zukunft, um das wahre Leben zu gewinnen." (1. *Timotheusbrief* 6, 18f.)

Der christliche alexandrinische Philosoph Klemens faßte zu Beginn des dritten Jahrhunderts diese Deutung des Reichtums in der Schrift *Welcher Reiche kann gerettet werden?* zusammen, die von großer Wirkung war und die Diskussion um das Problem zu einem gewissen Abschluß brachte. Der Reichtum erhielt eine begrenzte Legitimation. Auf seine Verwendung komme es an. Nicht der Besitzende an und für sich sei vom Reich Gottes ausgeschlossen, sondern jeder Sünder, der nicht Buße tut, sei er reich oder arm.

Für die obersten Stände des Reiches war der Anreiz, Christ zu werden, äußerst gering. Die Nachteile, wie der Verlust gesellschaftlichen Ansehens und von Privilegien, überwogen bei weitem. So sind nur sehr wenige und meist weibliche Angehörige solcher Familien als Christen zu identifizieren. Erst vom dritten Jahrhundert an kam es zu häufigeren Kontakten zwischen diesen Schichten und den Christen.

Christen gab es auch unter den Soldaten. Einige Martyriumsberichte von Soldaten sind erhalten. Diokletian begann die letzte Christenverfolgung mit einer „Säuberung" des Heeres. Auf christlicher Seite blieb der Kriegsdienst umstritten. Die ablehnende Richtung berief sich auf das an Petrus gerichtete Wort Jesu: „Stecke dein Schwert zurück an seinen Ort! Denn alle, die zum Schwert greifen, werden durch das Schwert umkommen", das sich nur im *Matthäusevangelium* findet (26, 52). Die anderen konnten auf den Spruch Johannes des Täufers verweisen, den nur das *Lukasevangelium* überliefert: „Es fragten ihn aber auch Soldaten: ‚Und was sollen wir tun?' Und er sprach zu ihnen: ‚Mißhandelt und erpreßt niemanden und begnügt euch mit eurem Sold'" (3, 14)

5. Äußere Bedingungen der Ausbreitung

An äußeren Bedingungen, die die schnelle Ausbreitung des Christentums ermöglichten und begünstigten, nannte Harnack: „Ein Imperium, eine Weltsprache [das Griechische], ein Verkehrsnetz, eine Kultur, eine gemeinsame Entwicklung zum

Monotheismus und eine gemeinsame Sehnsucht nach Heilanden." (*Die Mission* ..., Bd. I, S. 27)

Die ersten von Harnack genannten Aspekte weisen zugleich auf die Grenzen des Missionshorizontes. Die Mission erstreckte sich auf das Gebiet des römischen Imperiums. Es wurde mit der Ökumene, der kultivierten Welt gleichgesetzt. Außerhalb lagen die Gebiete der Barbaren. Diese Sichtweise einer überlegenen Kultur hatten sich weitgehend auch die Christen zu eigen gemacht. Außerhalb des Imperiums konnte die christliche Botschaft in den ersten drei Jahrhunderten nur etwa durch Händler, kriegsgefangene Römer oder Einzelpersonen bekannt werden.

Die Infrastruktur des Imperiums bot die besten Bedingungen für die Ausbreitung einer neuen Religion. Es umschloß das ganze Mittelmeer und reichte im Nordwesten bis nach Britannien. Dabei hatte das Mittelmeer keine trennende, sondern eine verbindende Funktion. Hervorzuheben ist die perfekte, das gesamte Reich gleichermaßen umfassende Verwaltung und die Toleranz der römischen Behörden gegenüber fremden Religionen und Kulten, soweit sie nicht die althergebrachten römischen Werte befehdeten oder als unmoralisch bzw. politisch gefährlich galten. Das Judentum hatte den Status einer *Religio licita*, einer erlaubten Religion. In seinem Schatten konnte das Christentum zuerst als eine der jüdischen Sekten agieren. Erst als sich die Juden deutlich vom Christentum distanzierten, verlor dieses den Status einer jüdischen Sondergruppe und damit den Schutz. Es galt nun als etwas Neues, das gegen das bewährte Althergebrachte verstieß.

Die von Harnack genannte „eine Kultur" war die hellenistische, deren Träger die Städte waren. Die Sprache dieser Kultur war das Griechische, auch im westlichen Bereich, wogegen die Sprache der Verwaltung und des Militärs das Lateinische blieb. In den ländlichen Gebieten dagegen hielten sich die ursprünglichen Volkssprachen, und einige von ihnen erfuhren vom zweiten Jahrhundert an, gerade im Raum der Kirche, eine Aufwertung – so das Syrische und das Koptische. Zu beachten ist auch, daß im Unterschied zur späteren Mission im

„Barbarenland" das Christentum in den ersten drei Jahrhunderten bei seiner Ausbreitung im Imperium Romanum ja nicht als Träger einer überlegenen Kultur auftrat, sondern zum Teil eher als eine Bewegung, die sich von manchen Aspekten der vorhandenen hellenistischen Kultur in Distanz hielt.

Das Verkehrsnetz war ausgezeichnet. Straßen durchzogen das ganze Reich zur Nutzung für Handel, Militär, Administration und Privatreisende. An diesen Straßen lagen die Städte. Paulus machte sich solche Straßen zunutze und konzentrierte sich bei seiner Missiontätigkeit auf Handelsknotenpunkte oder auf Städte, die Zentralen der Verwaltung waren. Schneller als auf den Straßen gelangte man allerdings auf dem Schiffahrtswege zum Ziel; so sind auch von Paulus Schiffsreisen überliefert. Mit unseren Verhältnissen verglichen war das Reisen trotzdem beschwerlich und gefährlich, aber die Reiselust und die Mobilität der Bevölkerung war erstaunlich groß. Auch darin ist ein Grund dafür zu sehen, daß sich die christliche Lehre rasch ausbreitete und schon bald nach Christi Kreuzigung bis in die Hauptstadt Rom gelangt war.

Es war dem Christentum förderlich, daß es auch den weitgereisten, aus der Fremde stammenden Glaubensschwestern und -brüdern Aufnahme, Kontakte und Schutz in den Gemeinden auf der Reise sowie am Zielort ermöglichte. Überall traf der Reisende auf vertraute Verhältnisse. Mehrere Inschriften bezeugen uns diesen Aspekt. Am berühmtesten ist die früheste uns erhaltene christliche Grabinschrift (um das Jahr 190) eines reichen, vielgereisten Mannes mit Namen Aberkios. Er war auf seinen Reisen in Rom, „und Syriens Ebene sah ich und alle Städte, (bis) Nisibis, nachdem ich den Euphrat überquert hatte; überall fand ich Glaubensgenossen ... Und sie [die *Pistis*, der Glaube] bereitete überall eine Speisung: den Fisch von der Quelle, den überaus großen, den reinen, den eine reine Jungfrau gefangen hatte; und diesen gab sie mit trefflichem Wein; ihn gab sie als Mischwein mit Brot" (Übers. Wischmeyer S. 27f.), womit wohl auf die Eucharistie sowie auf gastliche Aufnahme hingedeutet ist.

6. Gründe für die Ablehnung des Christentums

Das Bild wäre einseitig, wenn wir nur die christlichen Erfolge im Blick hätten. Das Christentum stieß auch auf Skepsis und stärkste Ablehnung. Entscheidende Gründe nannte schon Paulus in seinem ersten *Brief an die Korinther*: „Während die Juden Bestätigungen fordern und die Griechen nach Weisheit verlangen, verkündigen wir den gekreuzigten Christus – ein Skandal für die Juden und Unsinn für die Griechen." (1, 22f.)

Die Mehrzahl der Juden konnte eine Vorstellung von einem gekreuzigten, toten Messias nicht überzeugen. Da halfen auch die Stammbäume nichts, die die Herkunft Jesu aus dem Geschlecht Davids und damit seine davidische Messianität nachzuweisen versuchten (*Matthäusevangelium* 1; *Lukasevangelium* 3). Die Zweifel der Juden wurden dadurch gemehrt, daß sich die aktuellen Erwartungen der Endzeit, die die Urgemeinde und Paulus pflegten, offenkundig nicht erfüllten.

Für die Heiden war Jesus eines schimpflichen Todes gestorben. Die Kreuzigung galt als die schändlichste Strafe. Sie wurde nur gegenüber Sklaven, die niedrigsten Schichten der Gesellschaft und für schwerste Delikte wie Aufruhr, Hochverrat, Desertion, also politische Verbrechen, und Raub verhängt. Paulus hob mehrfach das Anstoßerregende dieser Strafe für seine Zeitgenossen hervor (1. *Korintherbrief* 1,18; *Galaterbrief* 3, 13; 5,11).

Weitere schwerwiegende Gründe für die Ablehnung der Christen waren Vorurteile und Vorwürfe, jene wichen von den moralischen Gesetzen und Regeln der Gesellschaft ab. Minucius Felix hat sieben solcher Vorwürfe zusammengestellt: „An geheimen Zeichen und Merkmalen erkennen sie einander und lieben sich schon, fast ehe sie sich noch kennen. Unterschiedslos vollziehen sie miteinander eine Art Ritual der Lüste; sie nennen einander Brüder und Schwestern, so daß die bei ihnen übliche Unzucht durch den Gebrauch eines so heiligen Wortes sogar zum Inzest wird ... daß sie den Kopf eines gemeinen Tieres, eines Esels, aus ich weiß nicht was für einem Wahn heraus als heiligen Gegenstand verehren ... daß sie die

Genitalien ihres Oberpriesters anbeten, also symbolisch die Zeugungskraft ihres Schöpfers verehren ... im Mittelpunkt ihrer Zeremonien stehe ein für seine Verbrechen mit dem Tode bestrafter Mensch samt den Kreuzeshölzern, dann wird damit diesen verlorenen, verbrecherischen Menschen eben das als Heiligtum zugeschrieben, was zu ihnen paßt: sie verehren, was ihnen selbst gebührt ... Um die ahnungslosen Initianden zu täuschen, bedeckt man ein Kind mit Teig und legt es dem vor, der in ihre Mysterien eingeweiht wird. Der Neophyt [Neugetaufte] läßt sich, durch die Teighülle getäuscht, zu Stichen verleiten, bei denen er nichts Arges vermutet, und tötet so das Kind mit Wunden, die dem Auge verborgen bleiben. Das Blut dieses Kindes – welch furchtbarer Frevel! – lecken sie gierig auf und reißen sich noch um die zerstückelten Glieder. Das also ist das Opfer, mit dem sie sich verbrüdern, durch die Mitwisserschaft an diesem Verbrechen, verbürgen sie sich gegenseitig Stillschweigen ... An Festtagen kommen sie zum Gelage zusammen, mit all ihren Kindern, Schwestern und Müttern, Menschen beiderlei Geschlechts und jeglichen Alters. Dann, nach vielen Gängen, wenn die Gesellschaft erhitzt ist und in der Trunkenheit die Glut unreiner Begierde erwacht, wird ein Hund, der an den Leuchter gebunden ist, durch vorgeworfene Bissen, die außerhalb des Bereiches fallen, in dem ihn die Leine festhält, zu heftigen Sprüngen angereizt. Ist so das Licht, das alles an den Tag bringen könnte, umgestoßen und ausgelöscht, dann stürzen sie sich, schamlos im Schutz der Dunkelheit, in unerhörter Gier in die Umschlingungen, wie der Zufall es bringt." (Dialog *Octavius* 9, 1–7; Übers. Kytzler, S. 69–73)

Es sind dies zum Teil Schmähungen, die man schon gegen die Juden vorgebracht hatte und die aus der Scheu vor dem Fremdartigen erwuchsen. Freilich begünstigte die Neigung der Christen, sich von der Gesellschaft abzusondern, die Verbreitung solcher Phantastereien; und schließlich mochten auch christliche Sonderströmungen, die libertinistische Auffassungen vertraten, Anlaß für die Entstehung von Gerüchten gewesen sein.

ΑΛΕ
ΞΑΜΕΝΟC
CΕΒΕΤΕ
ΘΕΟΝ

„Alexamenos verehrt [seinen] Gott".
Spottkruzifix, 1856 auf dem Palatin in Rom gefunden.
(C. M. Kaufmann: Handbuch der altchristlichen Epigraphik,
Freiburg 1917, 302)

Es fehlt in der Aufzählung des Minucius Felix der schwerwiegende Vorwurf der Zauberei und der Magie. Solche Praktiken galten als kriminelle Delikte, wenn sie sich auch großer Beliebtheit erfreuten. Daß man einen solchen Verdacht gegen die Christen äußerte, dürfte auf die Berichte über Wundertaten Jesu – man hielt ihn deshalb für einen Zauberer – und auf angebliche magische Praktiken bestimmter christlich-gnostischer Gruppierungen zurückzuführen sein.

Der Esel galt wegen seines Liebesdranges als besonders verachtetes Tier. Seine Verehrung wurde schon den Juden unterstellt, um sie zu verunglimpfen. Diese Verspottung wurde auch auf die Christen übertragen, doch scheint auch in christlich-gnostischen Sekten die Vorstellung eines eselsköpfigen Weltenschöpfers verbreitet gewesen zu sein.

Auf weitere Vorbehalte gegen das Christentum werden wir noch in den folgenden Kapiteln zu sprechen kommen.

II. Christen und Juden

Dieses Thema hat durch den Antisemitismus der Neuzeit und vor allem durch dessen Kulmination in den nationalsozialistischen Vernichtungslagern besondere Brisanz erhalten; um so weniger kann übersehen werden, daß gerade das Neue Testament und Schriften der Kirchenväter Aussagen enthalten, die seit Jahrhunderten von antijüdischen und antisemitischen Bewegungen im christlichen Abendland und im zaristischen Rußland als Legitimation für ihre Hetze und Untaten verwendet werden konnten. Trotzdem muß vor allzu raschen und oberflächlichen Schlüssen aus den in diesem Kapitel darzulegenden Sachverhältnissen aus der christlichen Frühzeit gewarnt werden. Ohne die Augen vor der Rezeptionsgeschichte zu verschließen, ist dem Historiker zunächst einmal die Aufgabe gestellt, das diesbezügliche Material in den Rahmen des Untersuchungszeitraumes einzuordnen und zu verstehen.

1. Der Beginn des Prozesses der gegenseitigen Entfremdung

Das Christentum hat seinen Ursprung im Judentum und darf diesen Ursprung nicht verleugnen, auch wenn die Ausbreitung des Christentums einerseits mit der Loslösung vom Judentum, andererseits mit der Inkulturation in die römisch-hellenistische Geisteswelt und Gesellschaft verbunden war. Jesus, seine Gefolgsleute und Anhänger wie auch die ersten Christen nach seinem Tod, die Mitglieder der Urgemeinden, waren Juden. Bis heute haben die Kirchen vieles mit dem Judentum gemeinsam und in ihrer Tradition bewahrt. Nur einiges Herausragendes sei genannt: das Alte Testament, die jüdische Bibel, das auch ein Teil der christlichen Bibel geblieben ist; ein wöchentlicher Feiertag und die Gestaltung eines Kirchenjahres und -festkalenders; bestimmte Gebetsformeln und -bitten; die Predigt als Auslegung von Bibelstellen; die Wertschätzung der Überlieferung; Schöpfungslehre, Heilsgeschichte mit Ausrichtung auf ein Endziel; die Bindung der Offenbarung an die geschichtliche Entwicklung; die Hochschätzung der Erzväter und Propheten; der ethische Kanon.

Die Juden zur Zeit Jesu und der Urgemeinden boten ein buntes Bild verschiedener, voneinander abweichender oder entgegengesetzter religiöser und politischer Richtungen und Bewegungen. Jedenfalls handelte es sich nicht um ein monolithisches Judentum. Deshalb wurden offensichtlich auch die ersten christlichen Gemeinden als spezielle Sondergemeinschaften toleriert, die glaubten, der Messias sei bereits gekommen und das Gottesreich stehe nahe bevor. Die grundsätzliche Bejahung des jüdischen Ritualgesetzes, der Thora, und des Tempelkultes war die Voraussetzung der Anerkennung, denn sie bildeten die Fundamente des jüdischen Selbstverständnisses. Diese Basis scheinen hellenistisch geprägte Judenchristen von Anfang an nicht geteilt zu haben. In der *Apostelgeschichte* wird ausführlich von der Steinigung ihres Wortführers Stephanus und von ihrer Vertreibung aus Jerusalem schon bald nach Jesu Tod und Auferstehung berichtet (6,8–8,1), weil sie in radikaler Weise die Geltung des Tempelkultes und der Thora in Frage stellten. Damit zerstörten sie in der Sicht der meisten Juden das religiöse und ethnische Fundament und lösten zudem ökonomische Ängste bei jenen aus, deren wirtschaftliche Existenz auf diesen Fundamenten ruhte, indem sie beispielsweise Opfertiere für die Riten im Tempel verkauften.

Es war dadurch aber noch kein grundsätzlicher Trennungsstrich gezogen. Die frühe christliche Mission konnte noch vielfach in den Synagogen einsetzen. Sobald dabei aber die Grundlagen des Judentums angezweifelt wurden, war die Reaktion feindlich. In den Briefen des Paulus und der Apostelgeschichte können wir das verfolgen.

Der Prozeß einer zunehmenden Ablehnung der Christen durch die Juden ist wegen der schlechten Quellenlage nur schwer zu verfolgen. Aus dem mangelnden Interesse jüdischer Gewährsmänner an den Christen kann man wohl schließen, daß diese im Grunde nur von marginaler Bedeutung für das Judentum waren. Auch heidnische Quellen beachteten die

Spannungen zwischen Juden und Christen wenig. Es gibt aber eine Reihe christlicher Zeugnisse über Verfolgungen durch Juden, und man wird sie schwerlich alle als Verleumdungen oder als polemische Phantasieprodukte abtun können.

Das gilt vor allem für die ganz frühen Zeugnisse. Paulus schreibt im zweiten *Brief an die Gemeinde zu Korinth*: „Überreichlich bin ich geschlagen worden, oft dem Tode nahe gewesen. Von Juden habe ich fünfmal die ‚Vierzig-weniger-einen' [gemeint sind Schläge mit dem Kalbslederriemen] bekommen. Dreimal habe ich Stockprügel empfangen. Einmal bin ich gesteinigt worden." (11, 24f.) Auf die Lynchjustiz, deren Opfer Stephanus wurde, ist bereits hingewiesen worden. Als Paulus in Thessalonike und Korinth, also in der jüdischen Diaspora wirkte, war es nach dem Bericht der *Apostelgeschichte* (17, 5–13 und 18, 12–17) zu Tumulten gekommen, die von den Juden ausgelöst worden waren. Aber auch in Palästina, im jüdischen Mutterland, versuchten Juden, Paulus zu lynchen, und als das mißlang, die römische Justiz gegen ihn zu mobilisieren (*Apostelgeschichte* 21, 15–25, 12).

Die im letzten Drittel des ersten Jahrhunderts, also nach der Zerstörung des Jerusalemer Tempels im Jahre 70 durch die Römer, verfaßten Evangelien und andere neutestamentliche Schriften lassen auf Auseinandersetzungen zwischen Juden und Christen und auf eine strikt ablehnende Haltung der jüdischen Oberen gegenüber den christlichen Gemeinden im westlichen Kleinasien und in Syrien schließen. Die um 95 entstandene Offenbarung des Johannes erwähnt in den *Sendschreiben an die Gemeinden zu Smyrna und Philadelpheia* eine antichristliche Haltung von Juden (2, 9; 3, 9). Zur Gemeinde zu Smyrna – diese Stadt erlebte gerade im zweiten Jahrhundert eine wirtschaftliche Blütezeit – sagt der Engel: „Ich weiß um deine Bedrängnis und Armut – aber du bist reich – und kenne die Lästerungen aus dem Kreis derer, die behaupten, Juden zu sein."

Aus Smyrna stammten auch die Märtyrer Polykarp (nach der Mitte des zweiten Jahrhunderts) und Pionius (Mitte des dritten Jahrhunderts). In den Berichten über ihre Martyrien ist von einer eindeutig antichristlichen Parteinahme und von einer Kooperation der Juden mit den Heiden bei der Christenverfolgung die Rede. In den übrigen uns erhaltenen Märtyrerprozeßakten und -berichten finden sich solche Bemerkungen nicht. Konkret ist auch der Vorwurf des Apologeten Justin, daß Barkochba im jüdischen Aufstand der Jahre 132–135 die Christen verfolgt habe, wenn sie ihren Glauben nicht verleugneten (*Apologia maior* 1, 31). Man hat also lokalisierbare und konkrete von pauschalen Vorwürfen zu unterscheiden.

Als Beleg für eine offizielle jüdische Verketzerung der Christen nach dem Jahre 70 wird auf die 12. Benediktion des *Achtzehnbittengebetes* verwiesen. Dieses Gebet ist nach dem Jahr 70 dem *Schema Israel* („Höre Israel", 5. *Mose* 6, 4f.) hinzugefügt worden: „Für die Abtrünnigen möge es keine Hoffnung geben und das anmaßende Königtum entwurzele und zerschmettere bald in unseren Tagen. Und die Noserim [wohl als Nazarener zu deuten] und die Minim [Ketzer] mögen augenblicklich vergehen, getilgt werden aus dem Buche des Lebens und nicht mit den Gerechten verzeichnet werden. Gepriesen seist du, Herr, der Frevler zerbricht und der Anmaßende beugt." (Übers. Vouga S. 169) Ein Urtext läßt sich allerdings nicht konstruieren. Wir haben nur verschiedene spätere Formen. Die 12. Bitte richtet sich gegen drei Gruppen: die Abtrünnigen, die römische Weltmacht und Ketzer. Die letzte Gruppe konkretisierte sich in der Situation der jeweiligen jüdischen Gemeinde, war also nie dieselbe. Der Name der Nazarener in dieser Gruppe taucht erst in späten Überlieferungsschichten auf, und mit den Ketzern sind nicht einfach Judenchristen gemeint. Zu beachten ist zudem, daß die 12. Benediktion eine innerjüdische Ausrichtung hat, nämlich die Bemühung um die Bestimmung der Grenzen der jüdischen Identität.

Die Christen fühlten sich aber schon in der Mitte des zweiten Jahrhunderts zumindest in Rom in den Synagogen von den Juden verdammt, unter den Ketzern mit einbegriffen. Das läßt sich aus Justins *Dialog mit dem Juden Tryphon* schließen (16, 4; 17, 1): „Den Gerechten habt ihr [Juden] ja getötet und vor ihm seine Propheten. Und jetzt verstoßt ihr die, welche auf ihn und auf den allmächtigen Gott, den Weltschöpfer, der ihn gesandt hat, ihre Hoffnung setzen, und entehrt sie, soweit es bei euch möglich ist, indem ihr die Christusgläubigen in euren Synagogen verflucht. Denn Hand an uns zu legen, dazu habt ihr nicht die Macht dank denen, welche jetzt regieren [die Römer]; getan aber habt ihr es, so oft ihr konntet ... Die übrigen Völker lassen sich nämlich nicht zu diesem Unrecht gegen uns und Christus in gleicher Weise hinreißen wie ihr, die ihr Schuld daran traget, daß auch sie gegen den Gerechten und gegen uns, seine Nachkommen, eine vorgefaßte Meinung haben." (Übers. Haeuser)

Den zuletzt erwähnten Vorwurf führte Origenes in seinem etwa 235/8 geschriebenen Werk *Gegen Kelsos* näher aus: „Als man anfing, das Christentum zu verkündigen, haben diese [die Juden] das Evangelium in Verruf zu bringen gesucht, indem sie sagten, die Christen opferten ein kleines Kind und äßen sein Fleisch; und wiederum, sie löschten (bei ihren Versammlungen), um Werke der Finsternis zu begehen, die Lichter aus und trieben Unzucht, ein jeder mit der ersten, auf die er stieße. So widersinnig diese Verleumdung auch war, so hat sie doch einstmals auf Unzählige Eindruck gemacht und die dem Christentum fern Stehenden zu der Meinung veranlaßt, die Christen wären wirklich solche Ungeheuer; und selbst jetzt noch gibt es Leute, die sich dadurch täuschen und aus solchen Gründen davon zurückhalten lassen, auch nur in einfachen mündlichen Verkehr mit den Christen zu treten." (6, 27; Übers. Koetschau) Die oben aus dem Dialog des Minucius Felix zitierten, im Volk verbreiteten Vorwürfe gegen die Christen werden hier zum Teil auf jüdische Propaganda zurückgeführt.

Justin erhob noch einen weiteren Vorwurf: „Denn nachdem ihr ihn, den allein unbescholtenen und gerechten Mann, gekreuzigt hattet ..., da habt ihr nicht nur eure Freveltaten nicht bereut, sondern habt jetzt auserlesene Männer aus Jerusalem ausgesucht und sie in alle Welt ausgeschickt, um zu verkünden, im Christentum sei eine gottlose Sekte entstanden, und um die Anklagen gegen uns zu erheben, welche gegen uns alle diejenigen vorbringen, die uns nicht kennen. Darum seid ihr nicht nur schuld an dem Unrecht, das ihr selber tut, sondern auch an dem, das alle anderen Menschen überhaupt begehen." (*Dialog* 17, 1; Übers. Haeuser)

Man wird solche Vorwürfe nicht mit leichter Hand abtun können. Ein wesentlicher Grund für antichristliche jüdische Aktionen ist wohl in der von den Juden gehegten Befürchtung zu sehen, die Sonderrechte einer *Religio licita* (erlaubten Religion) zu verlieren, wenn man mit den Christen in eins gesetzt würde. Die Christen trugen ja den Makel des Aufruhrs, der Verachtung der bewährten römischen Traditionen und der Amoralität. So wollten sich die Juden deutlich sichtbar von den Christen abheben und damit öffentlich bekunden, daß es sich bei den Christen nicht um eine mit dem Judentum gleichzusetzende oder überhaupt auch nur innerhalb des Judentums anzusiedelnde Sekte handele. Daß solche Ängste berechtigt waren, mag schon ein Edikt des Kaisers Claudius aus den vierziger Jahren des ersten Jahrhunderts belegen, das Sueton in seiner *Claudiusbiographie* andeutet: „Die Juden vertrieb er [Kaiser Claudius] aus Rom, weil sie, von Chrestus aufgehetzt, fortwährend Unruhe stifteten." (25, 4) Sollte mit Chrestus Christus gemeint sein, so hätten die Juden Roms also durch die Gleichsetzung mit den Christen Verfolgung erlitten.

Unübersehbare Trennungen ergaben sich im Rahmen der beiden jüdischen Aufstände in Palästina gegen die römische Herrschaft (66–73 und 132–135). In Eusebs Kirchengeschichte wird berichtet, die Judenchristen in Palästina seien vor dem ersten jüdischen Aufstand, der zur Katastrophe des Jahres 70 mit der Eroberung Jerusalems und der Zerstörung des Tempels durch die Römer führte, in das Ostjordanland, nach Pella, emigriert. Diese Angabe ist im einzelnen umstritten, zeigt aber doch, daß die jüdischen Christen den jüdischen Nationalisten nicht folgten und folglich in deren Augen gemeinsame politische Grundlagen verrieten. Auf die Verfolgungen der Judenchristen im Barkochbaaufstand (132–135) wurde bereits hingewiesen.

Erst nach den Ereignissen des Jahres 70 gewann als Folge des Wegfalls des zentralen und verbindenden Tempelkultes eine der jüdischen Parteien die Oberhand, nämlich die der Pharisäer. Jetzt bildete sich in einem sehr langen Prozeß so etwas wie eine jüdische Schultheologie heraus, die zur theologischen Absonderung von Abweichlern führte. Aber auch dieses rabbinische Judentum war primär innerjüdisch ausgerichtet auf die Stärkung einer neuen Identität. Unter den Abweichlern wurden die Christen nicht namentlich genannt.

Bei der Bewertung der christlichen Zeugnisse ist die Glaubwürdigkeit konkreter Angaben, die sich auf bestimmte lokale Sachverhalte beziehen, höher zu veranschlagen als Verallgemeinerungen und Pauschalverurteilungen. In diesem Zusammenhang gilt es besonders vorsichtig zu sein, wenn literarische und theologische Konventionen und stets wiederkehrende Themen in den christlichen Berichten erscheinen, also zum Beispiel die Argumentationsfolge „Prophetenmörder – Herrenmörder – Christenverfolger". Zudem darf auch das propagandistische christliche Bemühen nicht übersehen werden, das den Schriften und Argumentationen, die sich an die Kaiser oder an hohe Vertreter des römischen Staates richteten, anzumerken ist, wenn es darum ging, sich nach den beiden jüdischen Aufständen auf Kosten der rebellierenden Juden das Ansehen staatstreuer Untertanen zu verschaffen.

2. Die christliche theologische Verarbeitung der Trennung

Die Christen traten mit dem Anspruch auf, daß in Jesus die göttliche Verheißung und die Hoffnung des jüdischen Volkes auf den Messias ihre Erfüllung gefunden habe. „Vielfach und auf verschiedene Weise hat Gott einst durch die Propheten zu den Vätern geredet: Am Ende dieser Zeiten redete er zu uns durch den Sohn." Mit diesen Worten, die den *Hebräerbrief* einleiten, ist jener Anspruch in knappster Weise zum Ausdruck gebracht. Aus dieser Sicht war es selbstverständlich, daß sich nun alle Juden zu Jesus bekehren sollten. Die Beweise für diesen Anspruch gewann man aus der jüdischen Bibel, dem Alten Testament, indem man Verheißungen, die sich in ihm fanden, auf Jesus und die christlichen Gemeinden bezog. Mit diesem kompromißlosen Anspruch und mit der Art, ihn zu begründen, war eine Auseinandersetzung mit den verschiedenen jüdischen Gruppierungen, die sich ihm nicht fügen wollten, vorprogrammiert. Sie war im Wesen des christlichen Selbstverständnisses begründet, also prinzipieller Art.

Ein weiterer Aspekt trat hinzu. Hellenistisch geprägte Christen – vom Kreis um Stephanus war schon die Rede – in Jerusalem, in Antiocheia und an anderen Orten zogen die theoretische Konsequenz aus der vorhandenen Wirkung der neuen Lehre auch außerhalb des Judentums. Sie lösten sich von den jüdischen rituellen Verpflichtungen und übernahmen nur dessen Moralgesetze. Sie erkannten frühzeitig und sehr hellsichtig, daß in der hellenistisch geprägten heidnischen Welt nur diese Form des Christentums eine Zukunft haben könne. Die sogenannten Judenchristen aber, die weiterhin die jüdischen Ritualgesetze einhielten, wurden im Laufe der Zeit nur noch zu christlichen Sondergruppen, die sowohl von den Anhängern der mosaischen Religion wegen ihres Verhaltens in den beiden jüdischen Erhebungen als auch von der frühkatholischen Kirche wegen ihres Festhaltens an den Ritualvorschriften der Thora ausgegrenzt wurden.

Der Apostel Paulus hat die beste und nachhaltigste theologische Begründung für die Abkehr vom jüdischen Ritualgesetz mitsamt der Beschneidungsforderung gegeben. Paulus war Jude und wollte ein Jude bleiben. Deshalb ist seine Erkenntnis auch so glaubwürdig, daß nicht die mit der Thorabefolgung verbundene Werkgerechtigkeit zu Gott führt, sondern daß der Glaube ein Geschenk der Gnade Gottes sei. In dem sehr persönlichen *Brief des Apostels an die Gemeinden in Galatien* hat er über seine Bekehrung berichtet und sein Verständnis des Evangeliums von dem der Judenchristen abgehoben (1,13–2,21). Nicht die Befolger des toten Gesetzes, sondern die aus dem Glauben Lebenden seien die wahren Söhne und Erben Abrahams und seiner göttlichen Verheißungen. „Bevor der [christliche] Glaube gekommen ist, waren wir dem Gesetz unterworfen, eingesperrt und bewacht für die kommende Zeit, da der Glaube offenbar werden sollte. So ist das Gesetz zu unserem Aufseher geworden, bis zum Erscheinen Christi ... Nachdem nun aber der Glaube gekommen ist, sind wir keinem Aufseher mehr unterworfen. Ihr alle seid ja durch den Glauben Söhne Gottes in Christus Jesus." (*Galaterbrief* 3, 23–26) Noch deutlicher wurde er gegen Ende des Briefes: „Seht, ich, Paulus, erkläre euch: Wenn ihr euch beschneiden laßt, wird euch Christus nichts nützen. Ich bezeuge nochmals jedem, der sich beschneiden läßt, daß er dann die Verpflichtung eingeht, das ganze Gesetz zu erfüllen. Von Christus seid ihr geschieden, wenn ihr durch das Gesetz gerecht werden wollt, seid aus der Gnade herausgefallen! Denn wir erwarten im Geist aus dem Glauben die Erfüllung unserer Hoffnung auf die Gerechtigkeit. Denn in Christus Jesus gilt weder Beschnitten- noch Unbeschnittensein, sondern vielmehr einzig der Glaube, der durch die Liebe zur Wirkung kommt." (5, 2–6) In dieser Sicht war das Judentum in der bisherigen Form überholt. Der Weg des Christentums von einer jüdischen Sekte zu einer eigenständigen Weltreligion war offen.

In noch größere theologische Tiefen führte Paulus in seinem letzten uns erhaltenen, *an die Gemeinde zu Rom gerichteten Brief* (Kap. 9–11). Paulus rügte hier zwar den Ungehorsam der Juden gegen Gott, glaubte aber, daß auch sie letztlich gerettet würden: „Die Verstockung, die teilweise über Israel gekommen ist, wird so lange währen, bis die Vollzahl der Heidenvölker Eingang gefunden hat. Dann wird auch ganz Israel gerettet werden." (*Römerbrief* 11, 25f.) Die Auseinandersetzung des Paulus mit dem Judentum ist allein theologischer Natur. Sie ist so überzeugend, da es sich dabei letztlich um einen innerjüdischen Dialog handelte. Paulus war zutiefst enttäuscht über die ablehnende Haltung der Juden.

Um so befremdlicher sind einige Sätze im ältesten erhaltenen Brief des Paulus, der an die Gemeinde zu Thessalonike gerichtet war: „Denn ihr seid den christlichen Gemeinden in Judäa gleich geworden und habt von euren Landsleuten Entsprechendes erduldet, wie sie von den Juden. Die haben den

Herrn Jesus ebenso getötet wie die Propheten; und so verfolgen sie auch uns. Sie leben nicht Gott wohlgefällig, sind allen Menschen zuwider und suchen uns daran zu hindern, den Heiden durch die Predigt Rettung zu bringen. So machen sie immerfort das Maß ihrer Vergehen voll. Aber der Zorn Gottes ist schon über sie gekommen, um sich am Ende (an ihnen auszuwirken)." (1. *Thessalonicherbrief* 2, 14–16) Es spricht einiges dafür – vor allem der vulgäre Antijudaismus, der hier zum Ausdruck kommt und der dem Juden Paulus nur schwer angelastet werden kann –, daß hier eine spätere Interpolation vorliegt. Aus christlicher Feder aber stammt sie allemal, und durch die Aufnahme in den neutestamentlichen Kanon wurde sie sanktioniert.

Die meisten Schriften des Neuen Testaments wurden nach der Katastrophe des ersten jüdischen Aufstandes verfaßt. In ihnen fanden deshalb in unterschiedlicher Weise die Erfahrungen einen Niederschlag, die die Verfasser und ihre Gemeinden mit den „altgläubigen" Juden gemacht hatten. Wenn dabei auch die eigentliche Absicht weniger die Diffamierung der Juden als vielmehr die Stärkung der teilweise noch sehr schwach entwickelten christlichen Identität der Leser war, so hat die hier gebotene pauschale, undifferenzierte Darstellung der Juden als Widerpart Jesu das christliche Judenbild entscheidend beeinflußt. In erster Linie sind hier die Passionsgeschichten in den Evangelien zu nennen. Volkstümliche Passionsspiele oder Vertonungen der Passionsberichte tradieren unterschwellig auch das in diesem Rahmen gebotene negative Judenbild bis in die Gegenwart. Vor allem im Johannesevangelium findet sich die Tendenz zur Pauschalisierung und zur Verunglimpfung. Wenn solches auch letztlich aus der Enttäuschung über das ablehnende Verhalten der Juden resultierte, wurden doch Aussagen getroffen, die von völliger Unversöhnlichkeit zeugten. „Ihr stammt vom Teufel, der ist euer Vater; und wonach es ihm gelüstet, das seid ihr entschlossen zu tun." (8, 44) Ebenso klingt es in der *Offenbarung des Johannes*, nämlich in den Schreiben an die Gemeinden zu Smyrna und zu Philadelpheia; hier werden die Juden dieser

Stadt als „Synagoge des Satans" bezeichnet (2,9; 3,9). Das Bekenntnis zu Christus schien auch notwendigerweise die Polemik gegen die Juden einzuschließen.

Als zentrale biblische Belegstelle einer Kollektivschuld der Juden wirkte in der späteren christlichen antijüdischen Polemik die nur im *Matthäusevangelium* überlieferte Antwort der Juden an Pilatus im Prozeß gegen Jesus: „Da erwiderte das ganze [jüdische] Volk: ‚Sein Blut komme über uns und unsere Kinder.'" (27, 25)

3. Verschärfung der christlichen Polemik

Auf der im Vorhergehenden dargestellten Basis fußte die christliche antijüdische Polemik der folgenden Jahrhunderte.
Für die Christen wurde es zu einer zunehmend schwereren Belastung, daß der größte Teil der Juden beharrlich den Anspruch der christlichen Kirche ablehnte, das neue und wahre Gottesvolk zu sein, mit dem Gott einen neuen Bund geschlossen, nachdem das Alte Israel versagt habe; statt dessen lebten die Juden so weiter, als entstammten die Christen nicht der gleichen Wurzel wie sie und als leiteten sie sich nicht vom Alten Testament ab. Durch die schiere Fortexistenz der jüdischen Religion wurde letztlich der Wahrheitsanspruch der Christen stets aufs neue in Frage gestellt. Für die Christen ergab sich daraus die Notwendigkeit der ständigen theologischen Rechtfertigung ihres Anspruches den Juden gegenüber; des Beweises, daß nur der eigene Weg der rechte sei; des Nachweises der rechtmäßigen Aneignung der jüdischen Erzväter und Propheten als Vorläufer der Christen; der Polemik gegen die Juden, um die eigene Identität zu bestätigen und die eigene Deutung der Zusammenhänge als die allein richtige zu erweisen.

Verschärfung fand die christliche Polemik vornehmlich durch zwei Faktoren: Zum einen blieb das Judentum eine sehr attraktive Konkurrentin des Christentums. Die Gründe dafür lagen in seinem klaren Monotheismus, seinem Alter – eine lange Tradition zu haben, galt in der Antike als ein unschätzbarer Wert –, der hohen moralischen Integrität, der Lebensfreude, die bei den Festen kräftig zum Ausdruck kommen konnte, und in der Hochschätzung der Familie. Davon ging eine große Wirkung auf Heiden aus, machte die jüdische Religion aber auch – und darauf reagierten die kirchlichen Leiter besonders allergisch – auf Christen anziehend. Wie sehr das Judentum noch am Ende des vierten Jahrhunderts Christen faszinierte, belegen eindrucksvoll die acht Predigten, die Johannes Chrysostomos in den Jahren 386/7 in Antiocheia hielt. Er wandte sich gegen judaisierende Christen. Zu dieser Zeit wurde das Christentum immerhin schon seit einem halben Jahrhundert im römischen Reich gefördert und erlitt das Judentum gesetzliche Beschränkungen seiner Aktivitäten.

Zum anderen verschmolzen theologische Argumente der Christen gegen die Juden mit Argumenten des im römischen Reich vorhandenen Antijudaismus, der sehr banale Vorwürfe und Vorurteile hervorbrachte. Tacitus nannte einige solcher pauschaler Vorurteile gegen die Juden, wie sie in allen sozialen Schichten des Imperium Romanum verbreitet waren: „Um sich des Volkes für die Zukunft zu versichern, führte Mose neue religiöse Bräuche ein, die mit den sonst auf der Welt üblichen im Widerspruch standen. Dort bei den Juden ist alles unheilig, was bei uns heilig ist, anderseits ist bei ihnen gestattet, was wir als Greuel betrachten" oder „die von dem Gott Liber eingeführten Zeremonien sind festlich und fröhlich, die Art der Juden aber abgeschmackt und schäbig". Der Esel genieße bei ihnen göttliche Verehrung, weil wilde Esel die Juden bei ihrer Wüstenwanderung vor dem Verdursten gerettet hätten (*Historiae* 5, 2–5; Übers. Borst, S. 513ff.). Noch umfassender war der antijüdische Katalog des ägyptischen Grammatikers Apion, der wiederum auf älteren Quellen fußte. Die hier geäußerten Ansichten bekämpfte der jüdische Historiker Josephus (37 – etwa 95 n. Chr.): Die Juden stammten von aussätzigen Ägyptern ab, sie verehrten in Jerusalem einen Esel, sie legten einen Eid ab, alle anderen Menschen zu hassen, zumal die Griechen (der Vorwurf des *Odium generis humani*, des Hasses auf das Menschengeschlecht), sie hätten keine berühmten Männer hervorgebracht, keine Erfinder, Künstler, Philosophen; auch wandte sich Josephus gegen die Verhöhnung der Beschneidung und den Verzicht auf Schweinefleisch (*Gegen Apion,* 1, 24–35; 2, 7–13).

Nur selten kam es in der Kirchengeschichte des zweiten und dritten Jahrhunderts zu einem wirklichen Dialog zwischen Christen und Juden. Origenes führte in Caesarea in Palästina solche Disputationen. Im allgemeinen wurden aber die Argumente der Juden nicht ernst genommen. So überwog in den christlichen Schriften dieser Zeit, die sich mit Anhängern des mosaischen Glaubens auseinandersetzten, entweder die Belehrung, die Argumentation von dem gesicherten Standpunkt des Überlegenen aus oder die missionarische Zielstellung. Bisweilen aber war die antijüdische Polemik innerchristlich motiviert und verfolgte das Ziel, Christen vom Interesse am Judentum, von zu großen Sympathien für die mosaische Religion oder gar vom Übertritt zum Judentum abzuhalten. Hier kann das Augenmerk nur auf eine Auswahl besonders wichtiger Schriften und Argumente gerichtet werden.

Eine Ausrichtung des gesamten Alten Testaments allein auf Jesus Christus und auf seine Gemeinde vertrat ein wohl zwischen 130 und 132 im Ostteil des Reiches entstandener Brief eines unbekannten Verfassers. Er wurde Barnabas, dem Begleiter des Apostels Paulus, zugeschrieben. Das verlieh dem Inhalt dieses Briefes stets großes Gewicht und Wirkung.

Drei Hauptthesen wurden darin vertreten: Es habe nie einen Bund Gottes mit Israel oder einen alten und einen neuen Bund gegeben, sondern nur einen einzigen, nämlich jenen, der mit den Christen geschlossen worden sei. „Auch das noch bitte ich euch als einer euresgleichen, der euch einzeln und alle zusammen mehr als sich selbst liebt, auf euch achtzugeben und euch nicht gewissen Leuten gleichzumachen, indem ihr ihren Sünden weitere hinzufügt und sagt: Das Testament jener [der Juden] ist auch das unsrige. Das unsrige freilich; aber jene haben es ... für immer eingebüßt ... weil sie sich zu den Götzen hinwandten, verloren sie es." (4, 6–8; Übers. K. Wengst, *Schriften des Urchristentums*, Bd. 2, Darmstadt 1984, S. 145. 147)

Nie sei die Thora wörtlich zu verstehen gewesen. Vielmehr müsse das Alte Testament in einem christlich-geistlichen Verständnis als Sammlung von Aussagen über Jesus und seine Gemeinde interpretiert werden. Von Anfang an seien die Speisegesetze, die Beschneidung, der Tempelkult in einem übertragenen Sinne gemeint gewesen. Die Juden hätten das aber falsch verstanden.

Schließlich bezog sich der Barnabasbrief auf 1. *Mose* 25, 21–23, eine Stelle, die auch schon Paulus im *Römerbrief* (Kap. 9) angesprochen hatte. Der Herr sprach zu Rebekka: „Zwei Nationen sind in deinem Leib und zwei Völker in deinem Schoß; und ein Volk wird das andere übertreffen, und das ältere wird dem jüngeren dienen. Verstehen müßt ihr, wer Isaak und wer Rebekka ist und an welchen er gezeigt hat, daß dieses Volk größer ist als jenes." (13,1; Übers. Wengst) Der Gedanke der Knechtschaft der Juden spielte in der weiteren Entwicklung eine große Rolle.

Eine noch radikalere Trennung vollzog Markion. Aus Sinope in Kleinasien stammend, wirkte er bis zu seinem Ausschluß aus der Kirche im Jahre 144 in Rom. Er schied vom Gott des Lichtes, dem Gott des Neuen Testaments, den Gott der Finsternis, den bösen Gott des Alten Testaments. Folglich eliminierte er das Alte Testament völlig und reinigte auch das Neue Testament von all dem, was in seinen Augen judaisierend war. Damit war die Kirche aufgerüttelt, klare Entscheidungen im Verhältnis zu ihrem jüdischen Erbe und auch zum weiter existierenden Judentum zu treffen.

Namentlich dem Kleinasiaten Irenäus (gest. um 200), der Bischof von Lyon war, ist es zu verdanken, daß eine klare Linie gefunden wurde. Das Alte Testament wurde als unveräußerlicher Teil der christlichen Bibel anerkannt. Irenäus vertrat also eine Konzeption, gegen die sich Markion ausdrücklich gewandt hatte. Die Juden waren eingegliedert in eine christliche Heilsgeschichte, die sich von der Schöpfung bis zu Jesus Christus und darüber hinaus bis zum Reich Gottes spannte. Darin fanden die Patriarchen, Mose, die Propheten, die Könige David und Salomo positive Beurteilung. Der Thora in der Zeit vor Jesus wurde die Aufgabe der Erziehung des jüdischen Volkes zum wahren Gott zugesprochen, nachdem es durch die Anbetung des Goldenen Kalbes von seinem Gott abgefallen war. Nach Jesu Wirken galt diese Aufgabe jedoch als erfüllt. Der Thora sollte fortan keine Daseinsberechtigung mehr zukommen. Die zeitgenössischen Juden sah man als in ihrer Blindheit für die eigentlichen Ziele Gottes bereits gerichtet an, rechnete ihnen aber noch eine heilsgeschichtliche Funktion zu. „Wären also die Juden nicht die Mörder des Herrn geworden, was sie das ewige Leben kostete, so hätten sie die Apostel nicht getötet und die Kirche nicht verfolgt, weswegen sie in die Tiefe des Zornes stürzten, und so hätten wir nicht gerettet werden können. Denn wie jene durch die Blindheit der Ägypter (die bei der Verfolgung Israels im Meer ertranken), so empfangen auch wir durch die Blindheit der Juden das Heil. Wenn nämlich der Tod des Herrn denjenigen, welche ihn ans Kreuz hefteten und an seine Ankunft nicht glaubten, zur Verdammnis gereicht, so dient er zur Rettung denen, die an ihn glauben." (*Gegen die Häresien* 4,28,3; Übers. Schreckenberg S. 207)

Bald nach der Mitte des zweiten Jahrhunderts verfaßte der aus Samaria stammende Apologet Justin in Rom die erste umfassende Auseinandersetzung mit dem Judentum seiner Zeit. Er kleidete sie in Dialogform (*Dialog mit dem Juden Tryphon*). Dieses Werk war für die weitere christliche Beurteilung der Juden von größter Bedeutung.

Seine Auslegungsmethode des Alten Testaments ähnelte der des *Barnabasbriefes*. Den Juden hielt er entgegen: „Ihr laßt euch täuschen durch gleichlautende Worte. Wenn nämlich das Gesetz des Herrn tadellos genannt wird, versteht ihr es von dem Gesetze, das durch Mose gegeben wurde, und nicht von demjenigen, das nach ihm kommen sollte, obwohl Gott es laut verkündet, daß er ein neues Gesetz und einen neuen Bund gründen werde." (34,1; Übers. Haeuser) So konnte leicht glaubhaft gemacht werden, daß Jesus der von den Juden erwartete Messias gewesen sei und daß die Christen das wahre Volk Israel verkörperten, dem die Verheißungen Gottes galten. Bewiesen sei dies auch durch die Gottesstrafe der Jahre 70 und 135. „Denn die von Abraham eingeführte fleischliche Beschneidung wurde als Erkennungszeichen gegeben, damit ihr von den übrigen Völkern und uns abgesondert seid, damit ihr allein erleidet, was ihr jetzt mit Recht erduldet, damit ‚euer Land verwüstet werde, die Städte vom Feuer niedergebrannt werden, Fremde vor euch die Früchte verzehren' [Jesaja 1,7] und keiner von euch Jerusalem betrete ... Es ist also gut und recht für euch, daß euch dies passiert ist." (16,2f.; Übers. Haeuser) Der Niedergang der Juden habe schon mit dem Wirken Jesu begonnen. Ihr weiteres Festhalten an der Thora sei Aufruhr gegen Gott und geschehe auf Anstiftung der Dämonen. Sie seien verstockt und undankbar.

Justins Polemik gegen das Judentum seiner Zeit nutzte alle Stellen im Alten Testament aus, an denen Tadel und Strafandrohungen Gottes wegen des Ungehorsams Israels ausgesprochen waren. Die Juden nannte er Herren- und Prophetenmörder. „Christus habt ihr getötet und kennt trotzdem keine Reue. Aber auch uns, die wir durch Christus an Gott, den Vater des Weltalls, glauben, mordet ihr in eurem Hasse, so oft ihr die Macht dazu erhaltet. Immer und immer wieder verflucht ihr Christus selbst und seine Anhänger." (133,6; Übers. Haeuser) Auch bei ihm findet sich wieder der Gedanke der Knechtschaft Israels, abgeleitet von den beiden Frauen Jakobs. „Lia ist euer Volk und die Synagoge, Rachel dagegen ist unsere Kirche. Für die eine und die andere steht Christus noch heute im Dienste, auch für die, welche hier wie dort die Knechte sind." (134,4; Übers. Haeuser) Die Juden sah er also nicht als endgültig Verurteilte. Bis zur Wiederkehr Christi stünde ihnen noch die Möglichkeit der Umkehr offen.

Durch den Barnabasbrief und durch Justin waren die wichtigsten Argumente und Methoden der weiteren Auseinandersetzung mit den Juden gegeben. Auf ihnen fußten die späteren christlichen Schriftsteller.

Erwähnt sei auch der Nordafrikaner Tertullian, der sich in mehreren Werken mit dem Judentum und dem jüdischen Erbe auseinandersetzte. Seine Wirkung auf den lateinischsprachigen Raum war sehr groß, zumal er präzis formulierte. Zwei Aspekte sind besonders erwähnenswert. Zum einen vertrat er den Vorwurf einer jüdischen Kollektivschuld: „Wenn sich Israel auch jeden Tag an allen Gliedern wüsche, so ist es doch niemals rein. Ohne Zweifel sind seine Hände immer unrein, das Blut der Propheten und des Herrn selbst klebt an ihnen in Ewigkeit." (*Über das Gebet* 4; Übers. Schreckenberg S. 221f.) Zum anderen leitete er den Gedanken der Knechtschaft der Juden und der Herrschaft der Christen aus 1. *Mose* 25,23 ab.

Der Kirchenhistoriker Euseb von Caesarea gab am Ende des dritten Jahrhunderts der christlichen heilsgeschichtlichen Theorie in seinen historischen Werken, *Chronik* und *Kirchengeschichte*, konkrete Gestalt. Die Katastrophe des Jahres 70 war in seiner Sicht die eigentliche heilsgeschichtliche Zäsur. Als die Christen vor dem Aufstand das Land verlassen hatten, „da brach zuletzt das Strafgericht Gottes über die Juden wegen der vielen Freveltaten, die sie an Christus und seinen Aposteln begangen hatten, herein und vertilgte gänzlich dieses Geschlecht der Gottlosen aus der Menschengeschichte ... Es sollte so sein, daß sie gerade in den Tagen, an welchen sie über den Erlöser und Wohltäter aller und den Gesalbten Gottes das Leiden verhängt hatten, wie in einem Gefängnis eingeschlossen wurden und von der göttlichen Gerechtigkeit den sie ereilenden Untergang erfuhren." Der Segen Gottes lag nun nicht mehr auf ihnen, sondern auf den Christen: „Die Lehre unseres Erlösers und seine Kirche blühten täglich mehr auf und machten immer größere Fortschritte. Die Juden aber gerieten durch stets neue Unglücksfälle in immer größere Not." (*Kirchengeschichte* 3, 5, 3.6; 4, 1, 2; Übers. Haeuser) Beide Werke Eusebs bestimmten über Jahrhunderte hinweg das christliche Geschichtsbild.

Das Argumentationsschema blieb sich im Grunde immer gleich. Man berief sich auf die Schelte des Volkes Israel und die Strafen Gottes für seinen Ungehorsam und seine Undankbarkeit, die bereits im Alten Testament vor allem von den Propheten genannt wurden. Die Christen bezogen alle Verheißungen im Alten Testament auf Christus und auf seine

Kirche, deuteten die Drohungen und angedrohten Strafen aber im Hinblick auf die Juden. Da diese aber die christliche Interpretation des Alten Testaments, die in der Sicht der Christen ja die einzig richtige war, als falsch ablehnten und nicht anerkannten, sie vielmehr als eine Verfälschung des eigentlichen Sinnes verstanden, entstand bei den Christen der Eindruck, die Juden seien verstockt und deshalb unfähig, die Heilstaten Gottes und den eigentlichen, den geistlichen Sinn der rituellen Gebote der Thora zu verstehen.

Als sehr gefährlich erwies sich in der weiteren Entwicklung der Vorwurf, die Juden hätten Jesus ermordet, also die Schuld des Gottesmordes auf sich geladen. Die Zerstörung Jerusalems und seines Tempels durch die Römer im Jahr 70, des weiteren die Umbenennung Jerusalems in Aelia Capitolina im Zuge des zweiten Aufstandes (132–135) mit dem Verbot für alle Juden, diese Stadt zu betreten, wurden als gerechte Strafe Gottes für diese Tat gedeutet. So fühlte man sich in der Annahme bestätigt, als das wahre Israel an die Stelle der dem alten Bund verhafteten Juden getreten zu sein. Die Christen verstanden sich von diesem Zeitpunkt an als die rechtmäßigen Erben des alten Israel. Sie seien das Volk Gottes, dem seine Verheißung an den Erzvater Abraham galt. Die Juden hätten ihre Chance verpaßt. Folgenreich bis ins Mittelalter war der Gedanke vom Knechtsstand der Juden, die den Christen zu dienen hätten.

Wenig tröstlich – doch darf es nicht übersehen werden – ist die Tatsache, daß bei fast allen christlichen Zeugen die Hoffnung auf die Bekehrung der Juden zu Christus zum Ausdruck gebracht wurde, zumindest in der Formel, daß ein Rest von ihnen in der Endzeit gerettet werde. Eine Verdammung der Juden für alle Zeiten wurde also meist nicht vertreten.

Nach diesen Entwicklungen während der ersten drei Jahrhunderte ist eine weitere Verschärfung im Verhältnis der Christen zu den Juden zu beobachten. Die Kirche war nämlich durch die „Konstantinische Wende" vom vierten Jahrhundert an in eine Machtposition geraten. Nun unterwarf die staatliche Gesetzgebung die Juden verschiedenen Einschränkungen, vor allem wurden jüdische missionarische Aktivitäten unmöglich gemacht. Andererseits aber erhielt die jüdische Religion auch gesetzlichen Schutz vor der christlichen judenfeindlichen Volksmeinung. Diese weitere Entwicklung ist hier nicht mehr zu verfolgen. Die Grundlagen wurden aber in der frühen Zeit gelegt.

III. Das Christentum in der hellenistisch-römischen Geistes- und Glaubenswelt

1. Die Vielfalt der hellenistisch-römischen Welt

Die religiöse und geistige Welt des Hellenismus, in die das Christentum eintrat, war durch die Vielfalt der Möglichkeiten, durch weitgehende Toleranz, in Grenzen durch religiöse und geistige Freiheit, durch Neugier und Suche nach der Wahrheit charakterisiert. Aus den Votiv- und Grabinschriften erhält man einen lebendigen Eindruck von der religiösen Haltung breiter Volksschichten. Hier finden wir eine lebendige Religion, eine geordnete Göttervielfalt, Zuständigkeiten für bestimmte Nöte, Hilfe für die verschiedensten Berufsgruppen, Ahnenkulte, Heilungskulte, Wallfahrten und religiös-politische Vereinigungen. Kurz, jeder konnte eine für seine Zwecke geeignete Hilfe finden. Nur eine sehr dünne Schicht von Philosophen, Literaten und Intellektuellen gefiel sich in Skepsis und Distanz.

Orientalische Religionen fanden Zulauf, da sie dem Bedürfnis nach Mysterien, Weihen, Kulten, Riten und religiöser Begeisterung entgegenkamen und Exklusivität boten, also nicht der breiten Masse offen standen. Sie waren nicht flächendeckend vertreten, aber doch in Rom und meist in den Handelszentren und Hafenstädten verbreitet. Einige waren schon in vorchristlicher Zeit in das römische Reich eingedrungen. Hier seien nur einige besonders wichtige genannt: die Mutter- und Vegetationsgottheiten Magna Mater und Attis (aus Phrygien stammend), Astarte und Adonis (aus Phönizien), Isis und Osiris (aus Ägypten), Dea Syria (aus Nordsyrien), die kosmischen Heilsgötter Sarapis (aus Ägypten) und Mithras (aus Persien). Dessen Kult war seit dem Ende des ersten Jahrhunderts in Rom bekannt, im zweiten und dritten Jahrhundert besonders unter niederen Beamten, Händlern und Soldaten verbreitet, unter dem Kaiser Commodus und den Severern von 180 bis zum Ende des ersten Drittels des dritten Jahrhunderts und dann wiederum unter Diokletian und Galerius 284–311 offiziell gefördert. Unter Kaiser Elagabal (218– 222) wurde in Rom der Kult des Sonnengottes Elagabal (aus Syrien) etabliert. Schließlich installierte Kaiser Aurelian (270 –275) den Kult des synkretistischen Sonnengottes Sol Invictus (unbesiegte Sonne), um dem Reich wieder einen einigenden Kult zu geben. Über diesen Kult hatte sich auch Kaiser Konstantin I. dem Christentum genähert.

Die seit Alexander dem Großen entstandene kultische Verehrung der Herrscher als göttergleich oder -ähnlich fand bei den Römern nur widerstrebend Eingang. Seit Augustus wurde jeder Kaiser, der nicht gestürzt wurde, nach seinem Tode zum *Divus* erhoben. Die schon von Domitian (81–96) beanspruchten Titel *dominus* und *deus* (Herr und Gott) wurden erst seit Aurelian (270–275) üblich. Doch wurde schon durch Augustus eine enge Verbindung von Kult und Staat geschaffen, die große Konsequenzen für die Entwicklung des Christentums hatte.

Das römische Religionsverständnis dieser Zeit war vor allem einerseits durch den Öffentlichkeitscharakter der Religion und andererseits durch das Prinzip des *do-ut-des* („Ich gebe, damit du gibst"), also durch den Grundsatz des Gegendienstes bestimmt. Die entsprechende öffentliche Verehrung war die Bedingung für den Schutz der Götter. Dieser konnte dann aber auch erwartet werden. Daß es sich dabei um echte Religiosität handelte, betont kein Geringerer als Cicero: Die Römer überträfen alle anderen Völker durch die Einsicht, „alles sei der Regierung und Lenkung durch die Götter unterstellt" (*De haruspicum responsis* 19). Die christliche Religionsauffassung einer persönlichen Beziehung zu Gott als einem Vater führte aber noch weit über solche Prinzipien hinaus.

Seit der Zeit der hellenistischen Philosophie versuchte man, die religiöse Vielfalt in einem Dreierschema zu erfassen: die mythische Theologie der Dichter, die spekulative Theologie der Philosophen und die durch Gesetze gegebene Theologie des Staates. So sehr diese Einteilung auch unter terminologischem Schematismus leidet, läßt sie doch die Vielschichtigkeit der religiösen Situation erkennen.

Von den philosophischen Schulen waren für die Entwicklung der christlichen Theologie besonders die Stoa, der Platonismus und der Aristotelismus bedeutsam.

2. Vorbehalte und Polemik gegen das Christentum in den Schichten der Gebildeten

Fremdartig wirkte in solchem Rahmen das Christentum, sobald es aus dem Schutze des Judentums heraustrat, fremdartig in seiner Lehre und in seinem ganzen Erscheinungsbild. Es stieß deshalb einerseits auf Neugier, da die Gebildeten und ein großer Teil der städtischen Bevölkerung für neue Reize, für neue religiöse Bräuche und Kulte sowie für neue Erkenntnisse und philosophische Anregungen durchaus offen waren – andererseits jedoch auch auf Ablehnung. Lukas hat diese Situation in der *Apostelgeschichte* gut erfaßt, als er den Apostel Paulus auf dem Areopag in Athen eine Ansprache halten ließ: Paulus „redete in der Synagoge mit den Juden und Gottesfürchtigen [Nichtjuden, die sich dem mosaischen Glauben angeschlossen hatten, ohne zum Judentum überzutreten] und Tag für Tag auf dem Marktplatz mit den Passanten. Gelegentlich führten auch einige Philosophen, Epikureer und Stoiker, Gespräche mit ihnen. Einige meinten: ‚Was will denn dieser Schwätzer zu sagen haben?' Andere dagegen: ‚Er scheint ein Herold fremder Götter zu sein', weil er nämlich von Jesus und der Auferstehung predigte. Da nahmen sie ihn und führten ihn zum Areopag und sagten: ‚Können wir nicht erfahren, was das für eine neue Lehre ist, die du da verkündigst? Denn so manches, was du uns hören läßt, klingt recht befremdlich in unseren Ohren. So wollen wir wissen, was das bedeuten soll!' Alle Athener und die Fremden, die in der Stadt leben, haben ja für nichts anderes Zeit, als jeweils das Neueste zu sagen oder zu hören." Paulus hielt eine Rede, die er mit den Worten beschloß: Gott habe „einen Tag festgesetzt, an dem er alle Welt richten wird in Gerechtigkeit – durch einen Mann, den er dazu bestellt hat.

Den hat er vor aller Augen dadurch beglaubigt, daß er ihn von den Toten auferweckt hat!' Als sie ‚Auferstehung der Toten' hörten, spotteten die einen, die anderen aber sagten: ‚Wir möchten dich darüber noch ein weiteres Mal reden hören!' So ging Paulus aus ihrer Mitte fort. Einige Männer aber schlossen sich ihm an und kamen zum Glauben, darunter Dionysius, ein Mitglied des Areopag, sowie eine Frau mit Namen Damaris und einige andere aus ihrem Kreis." (*Apostelgeschichte* 17, 17–21. 31–34)

Die Abwehr, auf die die christliche Verkündigung stieß, war beträchtlich. Auf die im Volk verbreiteten Vorbehalte wurde bereits hingewiesen (S. 30). Die Angriffe aus den Kreisen der Intelligenz machten den Christen stärker zu schaffen, da der Finger auf Schwachstellen des Christentums gelegt wurde und da diese Vorwürfe auf gründlichen Kenntnissen beruhten. Sie sind aber auch ein Zeichen dafür, daß man sich mit dem Christentum auseinandersetzte und es ernst nahm. Nur einige antichristliche Schriften sind inhaltlich zu erschließen. Leider ist die *Rede wider die Christen* des Rhetors Fronto aus Cirta (um 100 – 166), des Lehrers des Kaisers Mark Aurel, der als größter Redner nach Cicero galt, nicht erhalten.

Auf uns gekommen ist aus dieser Zeit aber eine Satire *Der Tod des Peregrinus* des Lukian von Samosata (um 120 – 180). Lukian, ein Schriftsteller, der seinen Spott über Religionen und Philosophien ausgoß und Mißstände geißelte, charakterisierte in dieser Posse die Christen so: „Diese armen Leute haben sich in den Kopf gesetzt, daß sie mit Leib und Seele unsterblich werden und in alle Ewigkeit leben würden; daher kommt es dann, daß sie den Tod verachten und daß viele von ihnen ihm sogar freiwillig in die Hände laufen. Überdies hat ihnen ihr erster Gesetzgeber beigebracht, daß sie alle untereinander Brüder würden, sobald sie den großen Schritt getan hätten, die griechischen Götter zu verleugnen und ihre Knie vor jenem gekreuzigten Sophisten zu beugen und nach seinen Gesetzen zu leben. Alles andere verachten sie durch die Bank, und sie halten es für eitel und nichtswürdig, ohne irgendeinen tüchtigen Grund zu haben, warum sie diesen Meinungen zugetan sind. Sobald also irgendein verschmitzter Betrüger an sie gerät, der die rechten Schliche weiß, so ist es ihm ein leichtes, die einfältigen Leute an der Nase zu führen und gar bald auf ihre Unkosten ein reicher Mann zu werden." (Übers. Ch. M. Wieland, in: *Bibliothek der Antike, Lukian* Bd. 2, Berlin 1974, S. 34) Lukian stellte Peregrinus als einen solchen Betrüger in einer christlichen Gemeinde dar.

Der schon in der Einleitung genannte Philosoph Kelsos legte mit seiner um das Jahr 178 verfaßten Schrift *Der wahre Logos* eine umfassende Auseinandersetzung mit dem Christentum vor. Er hatte die Lage des Christentums seiner Zeit und seine Schriften gründlich studiert. Seine Kritik war deshalb teils wohlbegründet, aber teils auch durch unsachliche Polemik für die Aufnahme eines Dialogs wenig geeignet. Der Maßstab für Kelsos war nämlich die Lehre der alten griechischen Philosophen einerseits und andererseits der moralische Maßstab der obersten Schichten der römischen Gesellschaft.

Kelsos erhob drei Hauptvorwürfe gegen das Christentum, die alle drei für seine Zeit verdammenswerte Übel darstellten:

1) Charakteristisch für das Christentum sei sein aufrührerisches Wesen. Denn es sei eine im Aufruhr begründete Abspaltung vom Judentum. Kelsos betonte deshalb bei vielen Aspekten die Einheit von Judentum und Christentum. Das Judentum sei zur Zeit des Mose wiederum selbst von den alten Ägyptern abgefallen und also auch keineswegs die älteste Religion. Daß Aufruhr ein Wesensmerkmal der Christen sei, bewiesen auch die Abspaltungen christlicher Sekten. Des weiteren sei das Christentum erst spät entstanden, also eine Neuerung, ein Bruch mit den alten und bewährten Traditionen.

2) Das Christentum sei in seinen Glaubensinhalten weder originell noch überzeugend, sondern in jeder Hinsicht den Lehren der großen griechischen Philosophen unterlegen. Die Götterpolemik finde sich schon bei diesen, doch sei der christliche Monotheismus und der Gedanke der alleinigen Auserwähltheit durch Gott anmaßend. Kelsos war ein Vertre-

ter der stoischen Naturlehre und des platonischen Dualismus; folglich mußte ihm die christliche Bindung an die Geschichte suspekt sein, also die biblische Schöpfungslehre, die Menschwerdung Gottes in einer historischen Person, der Glaube an eine ständige Gottesoffenbarung in der Geschichte, die Hoffnung auf eine Überwindung des Todes und eine Auferstehung der Toten. Die Geburts-, Wirkungs- und Leidensgeschichte Jesu sei nichts Außergewöhnliches, habe vielmehr ihre Vorbilder in griechischen Sagen und Mythen. Auch habe es größere Wundermänner als Jesus gegeben. Die Evangelien enthielten Unklarheiten, Widersprüchliches und Unglaubwürdiges. Gänzlich unverständlich sei auch die völlige Ablehnung des Kaiserkultes seitens der Christen. Da Kelsos von einer geordneten Götterhierarchie ausging, schadete es seiner Meinung nach dem höchsten Gott nicht, wenn dem Kaiser, dem die Macht auf Erden übertragen sei, geopfert würde; schließlich nähmen auch die Christen Zwischenwesen wie Engel und Dämonen an.

3) Das Christentum sei in den untersten und ungebildetsten Schichten verankert. Schon die Apostel seien einfache Leute, Fischer und Zöllner, gewesen. So sei es auch geblieben. „Auch in Privathäusern sehen wir Wollarbeiter, Schuster, Wäscherinnen und die ungebildetsten Bauerntölpel, die es nicht wagen würden, vor älteren Personen und vor ihren Herren überhaupt etwas zu sagen. Doch wenn sie Kinder und einige törichte Frauen im Vertrauen um sich versammeln können, geben sie erstaunliche Äußerungen von sich; sie lehren, daß diese nicht auf ihre Väter und Lehrer hören sollten, sondern sie müßten ihnen gehorchen; sie sagen, daß ihre Väter und Lehrer Unsinn reden und keinen Verstand haben und daß sie in Wirklichkeit Gutes weder wissen noch zu tun vermögen, sondern sich mit leerem Geschwätz abgeben. Nur sie allein, sagen sie, kennen die richtige Lebensweise; würden die Menschen ihnen Glauben schenken, dann würden sie glücklich werden und auch ihre ganze Familie glücklich machen." (Origenes, *Gegen Kelsos* 3, 55; Übers. Wilken S. 109) Dem entsprechend fordere das Christentum blinden Gehorsam und

liefere keine vernunftgemäßen Beweise. Leichtgläubigkeit charakterisiere ja die unteren Volksschichten. Deshalb seien hier auch die vulgärsten Glaubensvorstellungen und der Glaube an die Zauberei verbreitet. Die Wunder Jesu seien die eines Zauberers, wie man sie hinreichend kenne. Kurz, das Christentum stehe auf dem Niveau der primitivsten Kulte.

Porphyrios, ein Schüler Plotins, des Begründers des Neuplatonismus, einer der bedeutendsten Philosophen seiner Zeit, schrieb etwa 100 Jahre nach Kelsos seine Widerlegung des Christentums in 15 Büchern, die an Kenntnissen dem Werk seines Vorgängers weit überlegen waren. Leider ist davon nur wenig rekonstruierbar. Soweit wir erkennen können, decken sich seine Grundargumente mit denen des Kelsos (Herkunft aus dem Judentum, Aufruhr, Neuerung und Unbildung), doch ist er viel geschickter und informierter und legt den Finger gerade auf die Widersprüche und Unklarheiten in der Bibel. Neben den unteren Schichten sind es ihm zufolge vor allem die Frauen, die das Christentum tragen, da sie besonders leichtgläubig seien. Von den christlichen Lehren lehnte er besonders den absoluten Monotheismus, die Auferstehung des Fleisches und die Erscheinung Gottes gerade zu diesem späten Zeitpunkt der Geschichte, woraus ja die Verdammung aller vorhergehenden Generationen folge, ab. Porphyrios bekämpfte jedoch nicht nur das Christentum, sondern polemisierte in anderen Schriften auch gegen den populären Dämonenglauben.

Dagegen finden wir bei dem berühmten medizinischen Schriftsteller, Arzt und Philosophen Galen eine positivere Beurteilung der Christen. Galen wirkte in der zweiten Hälfte des zweiten Jahrhunderts. In dieser Zeit gab es besonders unter Kaiser Commodus (180–192) Kontakte zwischen den höheren Schichten der Gesellschaft in Rom und der römischen christlichen Gemeinde. So stellte Galen das Christentum anderen philosophischen Schulen gleich und nahm es entsprechend ernst, achtete es im großen und ganzen und diffamierte es nicht. Die Tendenz, den Glauben den Beweisen vorzuordnen, war für ihn ein Charakteristikum, das man in allen philosophischen Schulen finden könne. Auch diese zeigten Züge religiöser Art. Allerdings fand er den christlichen Glauben wenig überzeugend. Aus der Sicht des Mediziners schien ihm vor allem die Schöpfungslehre unvollkommen. Im Blick darauf konnte er auch nicht zwischen Juden und Christen unterscheiden. Nicht also die christlichen Lehren wirkten auf Galen anziehend, sondern die christliche Lebensführung, also das Bemühen um die Übereinstimmung von Lehre und Praxis. „Die meisten Leute", so schreibt er an einer Stelle, deren Authentizität allerdings nicht unangezweifelt ist, „können keiner zusammenhängenden Beweisführung folgen; deshalb brauchen sie Gleichnisse, und sie ziehen daraus einen Nutzen; ebenso wie wir heutzutage Leute sehen, die man Christen nennt, wie sie aus Gleichnissen und Wundern ihren Glauben ziehen; und doch handeln sie manchmal genauso wie diejenigen, die nach einer Philosophie leben. Denn ihre Verachtung des Todes und dessen Folge wird uns jeden Tag offenbar, und ebenso ihre sexuelle Enthaltsamkeit. Denn sie haben nicht nur Männer, sondern auch Frauen, die ihr ganzes Leben lang sexuell enthaltsam leben. Zu ihnen zählen auch einzelne, die in ihrer Selbstdisziplin und Selbstbeherrschung in bezug auf Essen und Trinken sowie in ihrem Streben nach Gerechtigkeit einen Stand erreicht haben, der nicht geringer ist als der der echten Philosophen." (Übers. Wilken S. 92)

Mit dem Beginn des dritten Jahrhunderts fand das Christentum in den Kreisen der Gebildeten zunehmend Interesse. So wurde der alexandrinische christliche Gelehrte Origenes um 215 von dem Statthalter der Provinz Arabia offiziell über den Bischof und den kaiserlichen Präfekten Alexandreias zu Vorträgen eingeladen. In den Jahren 218 oder 222 weilte er am Hof der Kaiserinmutter Julia Mamaea in Antiocheia, um in die christliche Theologie einzuführen. Der Verfasser der ersten wissenschaftlichen christlichen Chronographie Julius Africanus war vor 216 Erzieher des Prinzen Mannos am Hof des Königs Abgar I. von Osrhoene. In Rom richtete er die Bibliothek in dem um 227 erbauten Pantheon bei den Alexanderthermen ein.

3. Unterschiedliche christliche Beurteilungen der hellenistisch-römischen Geisteswelt

Auf seiten der Christen war man in der Beurteilung der hellenistisch-römischen Kultur keineswegs eines Sinnes. Natürlich herrschte Einmütigkeit in der Ablehnung aller nichtchristlichen Kulte, Mysterien, Göttervorstellungen und Formen der religiösen Praxis. Aber die Stellung zur Geisteswelt war geteilt.

Deren Ablehnung konnte sich immer auf die Bibel berufen. Am deutlichsten ist diese Haltung im *Kolosserbrief* zum Ausdruck gebracht: „Gebt acht, daß euch niemand durch die Philosophie und nichtigen Trug unter die Botmäßigkeit von Menschenüberlieferung bringt, unter die Botmäßigkeit der Weltmächte, statt unter die Christi." (2, 8) Diese Haltung lebte in Kreisen der einfachen Christen, der Asketen, der Mönche, der ethnischen Randgruppen oder der Sekten fort. Die völlige Abwertung der hellenistisch-römischen Kultur ist in einer im dritten Jahrhundert in Nordsyrien verfaßten Schrift formuliert. Diese Schrift trägt den Titel *Die Lehre der Apostel*. Sie gehörte zu den kirchlichen Rechtsschriften und hatte einen entsprechend großen Wirkungsradius. Hier ist zu lesen: „Heidnische Bücher aber sollst du überhaupt nicht berühren. Was hast du denn mit den fremden Worten, Gesetzen und falschen Propheten zu tun, die leicht schwächere Menschen zum Irrtum bringen? Was fehlt dir denn am Worte Gottes, daß du dich zu jenen heidnischen Geschichten aufmachst? Wenn du historische Darstellungen lesen willst, nimm die Königsbücher [des Alten Testaments]. Wenn du dich mit Philosophie oder mit Dichtung beschäftigen willst, nimm die Bücher der Propheten, in denen du die beste Darstellung der ganzen Dichtung und Philosophie finden wirst, da ja deren Weisheit und Sprache die des Herrn sind. Wenn du aber Lieder suchst, nimm die Psalmen. Wenn du dich aber über die Entstehung der Welt informieren willst, nimm das erste Buch Mose. Wenn du aber Gesetze und Vorschriften suchst, hast du das hervorragende Gesetz des Herrn [in den Gesetzesbüchern des

Alten Testaments]. Halte also alles dieses fremde und teuflische Schrifttum völlig von dir!" (3, 2–8)

Gerade in den asketischen Kreisen und im späteren Mönchtum aber, aus denen der größte Protest gegen die antike Philosophie kam, bürgerte sich im Laufe der Zeit die Bezeichnung „Philosophie" für die christliche enthaltsame Lebensweise ein. Die stoische Definition der Philosophie als einer Lebenskunst ebnete den Weg zu einer solchen Deutung. So wurde die christliche Askese vom Ende des dritten Jahrhunderts an als die „wahre Philosophie" der antiken gegenübergestellt. Ein Nebeneffekt der Philosophie wurde nun zu ihrem eigentlichen Charakteristikum. Deshalb wurde schon der große Theologe Origenes vom Kirchenhistoriker Euseb als christlicher Philosoph dargestellt: „Sehr viele Jahre führte er so das Leben des Philosophen, jeglichen Reiz zu jugendlicher Ausschweifung von sich fernehaltend. Den ganzen Tag nahm er die nicht geringen Mühen seiner strengen Lebensführung auf sich ... Bei solchen Proben philosophischen Lebens ... versteht es sich, daß sich sehr viele Schüler zu ähnlichem Streben angespornt fühlten. Es wurden daher selbst angesehene Gebildete und Gelehrte von den ungläubigen Heiden von seinem Unterricht angezogen." (Euseb, *Kirchengeschichte* 6, 3, 9.13; Übers. Haeuser) Auch Galen, wie wir sahen, machte eine solche Haltung zur Grundlage seines Urteils über die Christen.

Einen aufgeschlossenen Umgang mit der hellenistisch-römischen Kultur findet man in den Kreisen der gebildeten Christen. Sie hatten das antike Bildungswesen durchlaufen und liebgewonnen. Es wurde im griechischen Bereich auch nie abgeschafft, sondern nur unter christlichen Aspekten entschärft, das heißt von Göttermythen und moralisch Bedenklichem gereinigt. Ein eigentlich christliches Bildungswesen wurde im gesamten griechisch-christlichen Kulturbereich auch in den späteren byzantinischen Jahrhunderten nicht aufgebaut. Als ein Beispiel für die frühchristliche Bewertung der griechischen Bildung sei hier nur auf den Lehrbetrieb des schon erwähnten Alexandriners Origenes (185–254) verwiesen. In einer ihm gewidmeten Dankrede eines seiner Schüler heißt es: „Er hielt uns dazu an, die Philosophie zu studieren. Wir sollten mit aller unserer Energie alle erhaltenen Texte der alten Philosophen und Dichter lesen, dabei nichts vernachlässigen oder zurückweisen, weil wir noch nicht zu Urteilen fähig waren. Er schloß nur die Schriften der Atheisten aus ... Aber er wollte, daß wir mit allen anderen Philosophen vertraut sein sollten ... Er führte uns zu allen und wollte, daß wir keine griechische philosophische Lehre unversucht ließen. Und er selbst begleitete uns, führte uns den Weg und nahm uns an der Hand wie auf einer Reise ... Er wählte alles das aus, was in jeder Philosophie nützlich und wahr war, und führte es uns vor, aber er verurteilte das Lügnerische ... Aus diesen Gründen war uns nichts geheim, nichts verborgen, nichts unerreichbar. Es war uns vielmehr möglich, jede Wissenschaft, ob nichtgriechische oder griechische, ob geistliche oder weltliche, ob göttliche oder menschliche, zu lernen. In aller Freiheit durchforschten wir alles, prüften es gründlich, wurden von allem erfüllt und genossen die seelischen Güter." (Gregor der Wundertäter, *Dankrede an Origenes* § 13–15)

Origenes formulierte Übereinstimmungen und Unterschiede bezüglich der platonischen Philosophie an einer Stelle seiner Schriften so: „Viele Philosophen sagen, daß es einen Gott gibt, der die Welt schuf. Einige fügten hinzu, daß Gott sowohl Weltschöpfer ist als auch die Welt durch den Logos regiert. Auch in der Ethik und in ihrer Betrachtung der natürlichen Welt stimmen sie meist mit uns überein. Aber wir stimmen nicht überein, wenn sie behaupten, daß die Materie mit Gott gleich ewig sei, wenn sie verneinen, daß die Vorsehung sich bis zur unter dem Mond befindlichen Welt erstrecke, wenn sie annehmen, daß die Kraft der Sterne unser Leben bestimme oder daß die Welt nie aufhören werde zu existieren." (*Homilie zu 1. Mose* 14,3) Dieser Katalog des Für und Wider ist nicht vollständig, denn es handelt sich nur um eine zufällige Äußerung des Origenes, aber sie läßt doch auch die große Übereinstimmung erkennen.

Ein noch extremeres Beispiel ist der schon erwähnte Julius Africanus. Von ihm stammt auch ein Werk, das er *Zauber-*

gürtel (*Kestoi*) nannte, eine Enzyklopädie militärtaktischer, agrar- und veterinärwissenschaftlicher, medizinischer, magischer und aphrodisischer Themen. Weil vergangenen Forschergenerationen diese Schrift als zu unmoralisch und zu abergläubisch erschien, hielt man sie im Unterschied zu heute nicht für authentisch. Africanus ist ein beredtes Beispiel dafür, daß die gebildeten Christen ganz im hellenistischen Bildungsgut lebten und daß sie ihrer christlichen Existenz keine engen Grenzen setzten. Magische Papyri mit Anrufung christlicher Zentralbegriffe (Christus, Engel, Heilige, Jungfrau Maria, Heiliger Geist), mit Zitaten christlicher Texte oder mit christlichen Symbolen bestätigen das.

Gewisse Grenzen in der Interpretation der Lehre durften jedoch nicht überschritten werden. Origenes wurde schon bald angefeindet und schließlich endgültig auf dem 5. Ökumenischen Konzil zu Konstantinopel im Jahre 553 verdammt.

In seiner Kirchengeschichte zitiert Euseb einen Bericht über eine christliche Bewegung in Rom zu Beginn des dritten Jahrhunderts, die das Christentum so eng mit der hellenistischen Kultur zu verbinden suchte, daß sie sogleich als häretisch verurteilt wurde. Die Darstellung ist natürlich polemisch: „Sie haben die göttlichen Schriften ohne Scheu verfälscht, die Richtschnur des alten Glaubens aufgehoben und Christus verleugnet. Sie fragen nicht, was die heiligen Schriften sagen, sondern mühen sich eifrig ab, logische Schlüsse zu finden, um ihre Gottlosigkeit zu begründen. Wenn ihnen jemand ein Wort der göttlichen Schrift vorhält, dann forschen sie darüber, ob dasselbe gestatte, den konjunktiven oder den disjunktiven Schluß anzuwenden. Unter Verachtung der heiligen Schriften Gottes beschäftigen sie sich mit Geometrie; denn sie sind Erdenmenschen, sie reden irdisch und kennen den nicht, der von oben kommt. Eifrig studieren sie die Geometrie Euklids. Sie bewundern Aristoteles und Theophrast. Galen gar wird von einigen vielleicht angebetet. Soll ich es noch eigens vermerken, daß die, welche die Wissenschaften der Ungläubigen brauchen, um ihre Häresie zu beweisen, und den kindlichen Glauben der göttlichen Schriften mit der Schlauheit der

Gottlosen fälschen, mit dem Glauben nichts zu tun haben? Und so legten sie an die göttlichen Schriften keck ihre Hände und gaben vor, sie hätten dieselben verbessert." (Euseb, *Kirchengeschichte* 5, 28, 13–15; Übers. Haeuser) Das war kein Einzelfall. Das Beispiel zeigt, um welch brisante Problematik es sich bei der Spannung zwischen christlicher Identität und Inkulturation handelte.

4. Probleme der christlichen Inkulturation

Die Inkulturation – mit Maßen betrieben – war nicht zu umgehen, aber es ergaben sich aus ihr viele Probleme.

Für vieles standen eben nur Begriffe zur Verfügung, die den philosophischen Schulen oder dem Herrscherkult entstammten. So galt es, sich abzugrenzen, den abweichenden Charakter zum Ausdruck zu bringen, den Inhalt neu zu definieren, doch war Verwirrung dadurch nicht zu vermeiden. Die vorgeformten Inhalte waren ja nicht ganz zu unterdrücken und nahmen unterschwelligen Einfluß auf die theologische Entwicklung. Dem Herrscherkult waren Begriffe wie Heiland, Herr, Sohn Gottes, *Epiphanie* (Erscheinung) und *Parusie* (Wiederkehr) eigentümlich. Solche Begriffe spielten ebenfalls in der christlichen Theologie eine zentrale Rolle. Die aus dem Judentum stammenden christologischen Hoheitstitel wie *Messias* oder Gesalbter (*Christos*) waren ja hellenistisch geprägten Menschen unverständlich. Aber die neuen Bezeichnungen erhielten eine andere, eine kosmische Dimension. Ein im *Philipperbrief* überlieferter Hymnus macht den neuen Anspruch deutlich: „Darum hat Gott ihn [Jesus] zur höchsten Höhe erhoben und ihm den Namen verliehen, der über alle Namen Macht hat; und wo der Name Jesu ausgerufen wird, da sollen sich die Knie beugen aller himmlischen, irdischen und unterirdischen Mächte, und jeder Mund in das Bekenntnis einstimmen: Jesus ist der Herr, Gott, dem Vater, zum Preis." (2, 9–11)

Auch eine ganze Reihe von wissenschaftlichen Begriffen aus der griechischen Philosophie wären hier zu nennen, die die theologischen Auseinandersetzungen des zweiten bis siebenten

Jahrhunderts um die Gottheit Christi und um die Bestimmung des Göttlichen und des Menschlichen in Jesus bestimmten und sie zum Teil auch verwirrten. Nur an einem Begriff soll hier die Problematik angedeutet werden, nämlich dem des *Logos*. Er hatte die Bedeutungen Wort, Aussage, Darlegung, Bericht, Beweisführung, meinte also das menschliche Reden, bedeutete aber auch das damit verbundene menschliche rationale Denken, die Vernunft. Wichtig für die christliche Theologie war besonders die Deutung des Logos durch die Stoa. Er wurde hier als das Prinzip aufgefaßt, das dem gesamten Geschehen des Kosmos innewaltete. Die Welt sei ein wohlgeordnetes System, sowohl von Vernünftigkeit durchdrungen als folglich auch den Vernunfteinsichten zugängig.

Im Neuen Testament trat zu dieser Bedeutung das hebräische Verständnis vom „Wort Gottes", das die Macht Gottes zum Ausdruck brachte, die die Geschichte gestaltet. So wurde in neutestamentlicher Sicht das Evangelium zum Logos, das in Jesus Christus Gestalt gewann und die Welt bestimmte. Vor allem von Johannes wurde der Begriff Logos zum christologischen Hoheitstitel gewählt.

Eine neue Nuancierung erhielt der Begriff dann im zweiten Jahrhundert durch den zum Christentum übergetretenen Philosophen Justin, der um 165 starb. Er versuchte, die biblische Logoslehre mit der stoischen zu vereinen, und stellte damit die Weiche für die weiteren theologischen Bemühungen um eine der Zeit entsprechende wissenschaftliche Deutung der Christologie. Justin unterschied vom ewigen Logos, der in Jesus Christus Mensch wurde, einen samenhaft im Menschen angelegten Logos (*Logos spermatikos*). Dieser habe zwar am ewigen Logos nur unvollständig Anteil, gebe aber doch dem Menschen die Möglichkeit der Anknüpfung. Er habe auch alle vorchristlichen Denker beseelt, so daß sie mit seiner Hilfe durchaus Richtiges erkennen konnten. Damit hatte Justin den Christen auch eine in Grenzen anerkennende Beurteilung der antiken Kultur ermöglicht.

Für viele Nichtchristen trug das Christentum alle Merkmale eines Mysterienkultes. Der Initiationsritus der Taufe, ein heiliges Mahl als Zentrum des Kultes, die Sakramente, die Schweigepflicht über die christlichen Kulthandlungen (die sog. Arkandisziplin) waren auch aus Mysterienkulten bekannt. Zwar war ihre Sinngebung im Christentum eine völlig andere, doch blieb ihre Entwicklung von den Kulten nicht ganz unbeeinflußt. Auch die seit Kaiser Augustus sich entwickelnde enge Verbindung von Staat und Religion mit ihren Zeremonien, Begriffen, Gewändern, Festkalendern beeinflußte die Gestaltung der kirchlichen Liturgie und die Repräsentation des christlichen Klerus in starkem Maße.

Die antike Volksfrömmigkeit, also zum Beispiel der Dämonenglaube, die Magie, das Orakelwesen, der Heroenkult, blieb nicht ohne Wirkung auf die christliche Frömmigkeit. Nur auf einiges sei hier hingewiesen. Wundertäter spielten in der hellenistischen Welt eine große Rolle. Es sei nur auf den Kult des Heilgottes Asklepios oder auf den berühmten Wundertäter Apollonios von Tyana (1. Jh. n. Chr.) verwiesen. Wundermänner, aber auch Trickbetrüger zogen durch die Lande. Im Christentum hatten die Wunder ebenfalls einen hohen Stellenwert, galten sie doch als Beweis der Göttlichkeit Jesu sowie als Bestätigung der Legitimität der Apostel. Lukas ließ den Apostel Petrus sagen: „Jesus von Nazareth, ein Mann, den Gott durch Machttaten, Wunder und Zeichen vor euch beglaubigt hat, die Gott, wie ihr selbst wißt, durch ihn in eurer Mitte vollbrachte." (*Apostelgeschichte* 2, 22) Von heidnischer Seite wurde Jesus wegen der vielen Wunderberichte in die Schar der Magier eingereiht.

Doch der Unterschied zu den Wundern der hellenistischen Wundertäter ist evident. Jesu Wunder waren eingeordnet in den Glauben an das nahe Kommen des Reiches Gottes. Sie hatten nicht die Heilung an sich zum Ziel, noch wollten sie den eigenen Machtanspruch dokumentieren, sondern sie geschahen nur als Hinweis auf etwas Größeres, nämlich auf den Anbruch des Gottesreiches und das Ende der Macht des Teufels. Diese Wunder fanden ihre Vorbilder bei den alttestamentlichen Wundermännern Elia und Elisa (1. *Könige* 17 bis 2. *Könige* 8). Nicht aber waren sie einfach eine Konzession an hellenistische Vorstellungen. Allerdings ist nicht zu übersehen, daß die christlichen Wunderberichte zunehmend von hellenistischen Vorstellungen und Erwartungshaltungen geprägt wurden. Vor allem in den nicht in das Neue Testament aufgenommenen Evangelien und Apostelgeschichten kann man diese Steigerung beobachten. Hier begegnet man einem Wundertäter Jesus, der durch die unglaublichsten Taten seine Göttlichkeit und Machtfülle beweisen wollte. Schon im *Johannesevangelium* wurde die Wundersucht kritisiert: „Wenn ihr nicht Zeichen und Wunder seht, könnt ihr nicht glauben." (4, 48) Und im *Markusevangelium* wurde die Warnung ausgesprochen: „Es werden falsche Messiasse und falsche Propheten auftreten und Zeichen und Wunder tun, um womöglich die Auserwählten noch irrezuführen." (13, 22, mit Bezug auf 5. *Mose* 13, 1–3)

Auch von dem weitverbreiteten Orakel- und Haruspizien-(Leberschau)wesen blieb das Christentum nicht unbeeinflußt. Schon im vorchristlichen Judentum waren Weissagungen von Propheten und Apokalypsen, die in die Zukunft Einblicke verschaffen wollten, weit verbreitet. Die Christen hatten beides von hier übernommen. Vor allem die Weissagungen spielten in ihrer christologischen Beweisführung eine große Rolle. Diese Tendenzen wurden nun verstärkt. Ein guter Teil der *Sibyllinischen Orakel* zum Beispiel ist christlich. Die *Apokalyptik* war ein beliebtes Genre mit Träumen, Prophetien und Visionen, wenn auch in der Kirche mit großen Vorbehalten betrachtet. In Sekten und Randgruppen aber blieb sie erhalten.

Bedeutsam für die Entwicklung des Christentums war, daß für die meisten Christen der ersten Jahrhunderte die Welt weitgehend mit dem Gebiet des Römischen Reiches und seiner Kultur zusammenfiel. Paulus setzte seine Ziele innerhalb der Grenzen des Imperiums. Im nächsten Kapitel wird noch zu zeigen sein, mit welchem Nachdruck die Christen darauf verwiesen, loyale Staatsbürger zu sein.

5. Bemühungen um die christliche Identitätsfindung in der hellenistisch-römischen Geisteswelt

Mit den nichtchristlichen Vorurteilen und Angriffen setzten sich die Christen in umfangreichen Schriften auseinander und gingen selbst zum Angriff auf das Heidentum über. Es ist dies die Literaturgattung der Apologetik (Verteidigung), die vom zweiten bis ins fünfte Jahrhundert blühte. Abgewehrt wurde vor allem der Vorwurf der Staatsfeindlichkeit und des Aufrührertums. Gegen die Anschuldigung, von dem guten und von den Vätern geerbten Althergebrachten abgewichen zu sein, indem etwas Neues und somit Unmoralisches vertreten werde, wurde der Nachweis versucht, älter als alle griechische Kultur zu sein. Hier konnte man Material ausbauen, das schon die jüdische Apologetik gesammelt hatte. Schließlich war es die Unterstellung der sozialen Niedrigkeit und entsprechenden moralischen Minderwertigkeit, gegen die man sich wehrte. Ein wesentlicher Nebeneffekt dieser Schriften war, daß sie zur Festigung der christlichen Identität und zum Nachdenken über das Wesentliche des christlichen Glaubens und Wesens beitrugen.

Polemisiert wurde gegen den Götterglauben wie er im Volk verbreitet war. Hier kann man zwei unterschiedliche Argumentationen beobachten. Entweder wurde die Existenz der Götter geleugnet, oder man deutete die Götter und die ganze nichtchristliche Religiosität als ein Werk der Dämonen. Da viele der frühen Christen selbst vorher Anhänger des Götterglaubens gewesen waren und an Kulten und Mysterien teilgenommen hatten, waren ihre Argumente nicht aus der Luft gegriffen. Viele dieser Argumente waren schon in der jüdischen Götzenpolemik vorgebildet, nicht dagegen die christliche Polemik gegen den Opferdienst.

Die Philosophen wurden keineswegs pauschal verworfen. Ihr Bemühen um die Wahrheit, um moralische Integrität, um Askese und Jungfräulichkeit fand Würdigung. Der christliche Philosoph Klemens von Alexandreia (gest. vor 215) zum Beispiel polemisierte in seiner *Mahnrede an die Heiden* zwar gegen die heidnischen Göttermythen und Mysterienkulte, doch erkannte er besonders Platon, aber auch anderen Philosophen und Dichtern zu, viel Wahres über Gott ausgesagt zu haben. In gewisser Weise wurde Platons Philosophie als legale Vorstufe zum christlichen Heil anerkannt und der platonische Heilsweg zur Vergöttlichung der Seele mit Hilfe des Logos in verchristlichter Weise übernommen.

Noch komplizierter und schwerwiegender war die Notwendigkeit der Grenzziehungen gegenüber einem gefährlichen Konkurrenten des Christentums als Heilslehre in dieser Zeit. Das war die *Gnosis* (Erkenntnis), also außerchristliche und christliche Systeme von kosmischen Erlösungslehren, die vor allem im zweiten und dritten Jahrhundert voll entwickelt waren.

Als Hauptcharakteristika solcher im einzelnen recht unterschiedlichen gnostischen Systeme seien hier hervorgehoben: Heilserlangung durch Gnosis (Erkenntnis, Wissen um die kosmischen Zusammenhänge und die Lage des Menschen), also nicht auf der Grundlage von Offenbarung und Glauben. Aus dem Dualismus, dem unversöhnlichen Gegensatz zwischen dem Bereich des Geistigen und dem der Materie, wobei die Materie völlig abgewertet wurde, folgte auch die Ablehnung des christlichen Glaubens an eine ganzheitliche Schöpfung. Die Menschwerdung Christi konnten sich die Gnostiker nur mit einem Scheinleib vorstellen. Damit war der Zusammenhang von Schöpfung, Geschichte und Erlösung zerrissen. Auch die Anthropologie war vom Dualismus geprägt; denn die Menschen wurden in zwei Gruppen geteilt, nämlich in die der Materie verbundenen (Hyliker) und die der Geisteswelt verbundenen (Pneumatiker). Nur letzteren war die Möglichkeit gegeben, in einem kosmischen Erlösungsvorgang zu ihrem Ursprung, dem göttlichen Bereich zurückzufinden. Diese Grundlehre fand die verschiedensten Ausgestaltungen in mythischen kosmischen Systemen. Eine große Faszination ist ihr nicht abzusprechen. Der Dualismus als Erklärungsmöglichkeit des Bösen ist ja schon viel älter und spielte auch in den folgenden Jahrhunderten als Deutungsmöglichkeit der Weltzusammenhänge eine große Rolle.

Die Christen waren herausgefordert durch diesen Angriff auf christliche Grundvorstellungen. Besonders hervorhebenswert sind zwei unterschiedliche Wege der christlichen Entgegnung.

Der eine ist jener Weg, den Irenäus von Lyon (gest. um 200) ging und der für die weitere Gemeindefrömmigkeit bestimmend wurde. Vier aus der Bibel gewonnene Grundsätze stellte er als unabdingbar heraus: Das Alte Testament und das Neue Testament verstand er als eine untrennbare Einheit im Sinne von Verheißung und Erfüllung. Weiter vertrat Irenäus die Identität des Schöpfergottes mit dem christlichen Vatergott. Für die positive Beurteilung der Materie, der Welt, des Lebens, des Menschen war diese christliche Grundauffassung von größter Tragweite. Weiter bekräftigte Irenäus die Bindung des Christentums an die geschichtliche Entwicklung. Jesus war eine historische Person. Die gesamte Geschichte seit der Schöpfung entwickelte sich nach einem göttlichen Plan, der in Jesus seinen Höhepunkt fand. Schließlich übernahm Irenäus auch den schon seit dem Ende des ersten Jahrhunderts bekannten Gedanken der apostolischen Sukzession, der ununterbrochenen Nachfolge der Bischöfe der von den Aposteln gegründeten Gemeinden. Sie galt als die Garantie für die Bewahrung der richtigen Glaubensnorm gegen die gnostischen Geheimlehren.

Irenäus bot eine sehr materialreiche Widerlegung, die durch die Jahrhunderte als ein Standardwerk über und gegen die Gnosis verstanden wurde. Seine Arbeit hatte jedoch auch nachteilige Wirkungen. Zum einen vermittelte er ein falsches Bild der Gnosis, nämlich das einer Art Gegenkirche mit festem Lehrgebäude und festen Strukturen. Das war irreführend, vielmehr lag bei den Gnostikern eine ungebundene Weltdeutung vor, die aus Fragen nach Grundproblemen der Welt des Menschen entstand und die sich die Antworten nicht leicht machte. Zum anderen zog Irenäus die christlichen denkerischen Bemühungen, die über den Rahmen der damaligen Gemeindetheologie hinausführten, in Mißkredit.

Gerade diesen von Irenäus verunglimpften Weg gingen alexandrinische Theologen, von denen hier die schon genannten Klemens und Origenes besonders hervorgehoben seien. Sie vertraten eine christliche Gnosis als die wahre Gnosis. So stellten sie das Idealbild des wahren Gnostikers den religiösen und sittlichen Abarten des Gnosis gegenüber. Der wahre Gnostiker kämpfe gegen Untugenden und Triebe und steige auf dem Weg der christlichen Tugenden, dem Gebet und dem Martyrium zur Gottähnlichkeit auf. Klemens legte das in der *Mahnrede an die Heiden* (*Protreptikos*, Kapitel 8–12) und den *Teppichen* (*Stromateis*, Bücher 5–7) dar. Für die Sphäre des Göttlichen sei das Licht charakteristisch, für die Sphäre des Verderbens die Dunkelheit. Hier scheint noch der Dualismus durch. „Uns, den in Finsternis vergrabenen und im Schatten des Todes eingeschlossenen, leuchtete Licht vom Himmel auf, reiner als die Sonne, süßer als das hiesige Leben. Jenes Licht ist das ewige Leben, und was an ihm teilgewonnen hat, lebt. Die Nacht aber flieht das Licht und erbleichend vor Furcht weicht sie dem Tag des Herrn. Das Universum ist ständiges Licht geworden und der Untergang der Sonne hat sich zu ihrem Aufgang gewandelt. Das war der [von Paulus im *Galaterbrief* 6,15 intendierte] Sinn der Rede von der ‚Neuen Schöpfung.'"(*Mahnrede* 11, 114, 1–3)

Origenes, der bedeutendste Theologe der griechischen Kirche, versuchte in noch viel mutigerer Weise als Klemens den Spagat zwischen der frühkatholischen Glaubenslehre und dem Bemühen um eine eigenständige, auf Grundvorstellungen der mittelplatonischen Philosophie basierende, theologische Erkenntnis. Zwar unterschied auch er wie der Gnostizismus zwischen Christen einfacher geistiger Möglichkeiten und solchen, die zu tieferem Eindringen in die geistlichen Zusammenhänge fähig seien, ohne aber die erstgenannten vom endgültigen Heil ausschließen zu wollen. Auch habe sich im Unterschied zum Gnostizismus der wahre Gnostiker allen sichtbar in der Gemeinde durch geistliche Erkenntnisse und asketisches Leben auszuweisen. Origenes verstand sich in erster Linie als Bibeltheologe, der seine Theologie aus der Interpretation der Heiligen Schrift schöpfen wollte. Dabei unterstellte er dieser neben dem wörtlichen noch einen tieferen geistlichen Sinn, der durch den wahren Gnostiker zu erforschen sei. Auf dem Wege seines theologischen Forschens hatte er sich in manchen Fragen so weit von der frühkatholischen Gemeindefrömmigkeit, wie sie in besonderem Maße Irenäus repräsentiert hatte, entfernt, daß ängstliche theologische Gemüter seit dem Ende des vierten Jahrhunderts glaubten, ihn verketzern zu müssen. Das geschah endgültig durch eine im Jahre 543 getroffene Entscheidung des Kaisers Justinian I. und, dieser folgend, auf dem 5. Ökumenischen Konzil zu Konstantinopel im Jahre 553.

6. Der christliche Anspruch auf religiöse und geistige Attraktivität

In seinem Dialog *Octavius* ließ Minucius Felix den christlichen Disputanten gegen Ende triumphierend in Richtung aller antiken philosophischen Bemühungen sagen: „Wir tragen unsere Weisheit nicht im äußeren Gehabe zur Schau, sondern hegen sie im Herzen. Wir reden nicht von großen Dingen, wir leben sie. Wir dürfen uns rühmen, das erreicht zu haben, was jene mit größter Anstrengung suchten und doch nicht finden konnten." (38,6; Übers. Kytzler) Das war der Anspruch, allein die richtige Lösung zu besitzen. Man gab klare Antworten da, wo man in der nichtchristlichen Welt Fragen stellte und über das Suchen nach Antworten nicht hinauskam. Auf die einen wirkte ein solcher Anspruch anmaßend, anderen aber verbürgte er Sicherheit und Klarheit. Das mußte in einer Zeit, als viele Menschen im Reich verunsichert waren, anziehend wirken, als nämlich im dritten Jahrhundert die Ära der Soldatenkaiser anbrach und mit ihnen eine Epoche der politischen, sozialen und wirtschaftlichen Instabilität begann, die für weite Kreise den sozialen Abstieg zur Folge hatte. Man hat nicht ganz unbegründet von einem „Zeitalter der Angst" gesprochen (Dodds).

Nur wenige zeitgenössische Zeugnisse geben uns Einblick in die Motive des Übertritts zum Christentum. Der Philosoph, Märtyrer und Apologet Justin (gest. um 165) beschreibt uns seine Suche nach dem rechten Weg der Erkenntnis. Er suchte ihn vergeblich bei den Stoikern, den Peripatetikern, den Pythagoreern und den Platonikern, bis ihm ein Christ die Augen für die wahre Gottesschau öffnete (*Dialog mit dem Juden Tryphon* 2, 3–6). Auch sein Schüler, der Syrer Tatian (gest. um 170), irrte erst durch verschiedene philosophische Schulen, bis er auf Bibelschriften stieß, „die im Vergleich mit den Lehrsätzen der Griechen ein höheres Alter, im Vergleich mit griechischer Irrlehre göttliche Erleuchtung aufwiesen. Und es fügte sich, daß diese Schriften mich überzeugten durch die Schlichtheit ihres Stils, durch die Anspruchslosigkeit ihrer Verfasser, durch die wohlverständliche Darstellung der Weltschöpfung, durch die Voraussicht der Zukunft, die Ungewöhnlichkeit der Vorschriften und die Zurückführung aller Dinge auf *einen* Herrn." (*Rede wider die Hellenen* 29, 2f.; Übers. Kukula)

Tatian hatte damit einige Gründe genannt, die das Christentum von jeder anderen religiösen und geistigen Bewegung in der Sicht eines Zeitgenossen unterschied. Auf weitere wichtige Aspekte der religiösen und geistigen Attraktivität des Christentums in der Zeit des Prinzipats soll im folgenden hingewiesen werden.

In seinem ersten *Brief an die Gemeinde zu Thessalonike* nannte Paulus zentrale Themen: „Wie ihr euch von den Göttern weg Gott zugekehrt habt, um ihm als dem lebendigen und einzig wahren Gott zu dienen und seinen Sohn vom Himmel her zu erwarten, den er von den Toten auferweckt hat: Jesus, der uns vor dem kommenden Zorn errettet." (1, 9f.)

Das Christentum war eine Offenbarungsreligion. Von dem Gläubigen wurde eine klare Entscheidung gefordert. Die Pluralität der Standpunkte und das Prinzip des *do-ut-des* waren verpönt. Das aber waren gerade die Grundpfeiler der heidnischen Umwelt, in der die Christen lebten. So konnte der christliche Anspruch Anstoß erregen, konnte aber auch klare Fronten schaffen, die man gerade im dritten Jahrhundert brauchte. Denn an die Stelle des Strebens nach Rationalität war in weiten Kreisen eine Heilssehnsucht getreten, die im Christentum ihr Ziel finden konnte.

Die geforderte Entscheidung galt einem alternativlosen *Monotheismus*. Die Vorstellung eines höchsten Gottes war der antiken Philosophie nicht fremd. Schon früh tendierte diese zu einem abstrakten, für die Vielheit der Götter offenen *Henotheismus* (Ein-Gottesglaube, der die Verehrung mehrerer Götter nicht ausschließt). Vom zweiten Jahrhundert an wurden solche Tendenzen durch den *Mithras-* und den *Sol invictus-Kult* noch verstärkt.

Die Christen machten jedoch von der Möglichkeit der Anknüpfung an solche Bestrebungen keinen Gebrauch. Sie sahen ihr Gegenüber vielmehr in der Volksfrömmigkeit, in der monotheistische Vorstellungen noch keinen Raum hatten. So stellten sie in Schwarz-Weiß-Malerei die Alternative „christlicher Gott oder heidnischer Götzendienst" auf.

Verehrt werden sollte keine abstrakte Gottheit, sondern ein persönlicher Gott, der Vater genannt wurde. Das war nun wirklich in der hellenistischen Welt etwas völlig Neues. Diese Vorstellung war der Tendenz der Zeit zur zunehmenden Transzendenz aller Autoritäten entgegengesetzt und konnte Vertrauen stiften. Daß dieser Vatergott von den Christen auch zugleich als der allmächtige Schöpfergott verstanden wurde, gab der ganzen Schöpfung, also dem Menschen und seiner Geschichte, der Erde, dem Kosmos, eine ganz neue Dimension.

In dem oben gebotenen Zitat aus dem ersten *Brief an die Thessalonicher* nannte Paulus als einen weiteren zentralen Punkt die Auferstehung Jesu, also die Überwindung des Todes, aus der dann auch die Auferweckung der Gläubigen resultierte. Das führte weit über die antike Vorstellungskraft hinaus. Zwar gab es in der Antike für einige Auserwählte die Möglichkeit, seit dem siebenten Jahrhundert v. Chr. durch die Teilnahme an den eleusinischen Mysterien und seit dem fünften Jahrhundert v. Chr. in der Sekte der Orphiker doch eine Chance des Überlebens im Jenseits zu erhalten. Zudem lehrten beispielsweise Platon, die Neupythagoreer und die Stoiker die

Befreiung der Seele von der Materie und die damit gegebene Möglichkeit ihrer Fortdauer, aber davon unterschied sich die Todesüberwindung im christlichen Sinne als Hoffnung auf eine fleischliche Auferstehung. Sie stand im Kreuzfeuer heidnischer Kritik, da sie zu absurd erschien.

Hier handelte es sich aber um die Grundfeste christlichen Glaubens. Deshalb hielt Paulus den Kritikern in der korinthischen christlichen Gemeinde entgegen: „Wenn nun von Christus gepredigt wird, daß er von den Toten auferweckt worden ist, wie können da einige unter euch behaupten, es gebe keine Auferstehung der Toten? Wenn es aber keine Auferstehung der Toten gibt, ist auch Christus nicht auferweckt worden. Wenn aber Christus nicht auferweckt worden ist, dann ist nichtig, was wir verkündigen, nichtig auch, was ihr glaubt ... Dann seid ihr noch in euren Sünden. Dann wären auch die in Christus Entschlafenen verloren. Hätten wir in diesem Leben die Hoffnung auf Christus gehabt und sonst nichts, so wären wir die bedauernswertesten von allen Menschen." (1. *Korintherbrief* 15, 12–14. 17–19) Das Christentum konnte in der Hoffnungslosigkeit der Diesseitigkeit, die einem deutlich aus den uns überkommenen Grabinschriften entgegentritt, eine große Hoffnung bieten.

Paulus verwies weiter auf die Rettung im Letzten Gericht. Die Vorstellung einer Vergeltung nach dem Tode gab es schon vor ihrer klassischen Ausbildung im Judentum und Christentum, doch war ihr in letzterem der Schrecken genommen. Christus war ja nicht nur so gestorben, wie es von einigen Göttern aus den orientalischen Kulten bekannt war, sondern sein Tod wurde als ein Sühneopfer für die Menschen gedeutet. Wieder ist Paulus zu zitieren, der ein Gemeindebekenntnis wiedergibt: „Ihn [den Christus Jesus] hat Gott öffentlich herausgestellt, um Sühne zu schaffen im Glauben durch sein Blut, und so seine Gerechtigkeit zu erweisen durch Vergebung der Sünden, die zuvor (in der Zeit) der Geduld Gottes geschehen sind." (*Römerbrief* 3, 25f.) Aber es war nicht nur die Angst vor dem letzten Gericht, die aufgehoben war. Das Christentum bot mehr, nämlich eine Perspektive, die die Menschheit von ihren Anfängen bis in die Zukunft umschloß. Das menschliche Leben, die ganze Geschichte erhielt ein Ziel und damit einen Sinn.

Schließlich sei noch hervorgehoben, daß die Lehre der Menschwerdung Gottes in Jesus sowohl etwas dem Christentum Eigentümliches als auch sehr Bedeutsames war. Dem jüdischen Denken war diese Vorstellung fremd. Die griechische Welt dagegen kannte Götter in menschlicher Verkleidung, Halbgötter und Vergöttlichung von Menschen auf Grund ihrer Verdienste. Von dem allen unterschied sich die christliche Lehre: Gott nimmt das volle Menschsein auf sich, wird den Menschen ganz solidarisch, wird durch eine Frau geboren und erleidet das Menschsein bis zur äußersten Erniedrigung am Kreuz. Der *Philipperbrief* faßte das in diese Worte: „Er, der in göttlichem Dasein lebte, hat es nicht wie eine Beute angesehen, Gott gleich zu sein, sondern hat sich dessen entblößt, um in ein Sklavendasein einzutreten, so wie es die Menschen leben, ihnen gleich. Unter den Bedingungen menschlichen Lebens war er zu finden und hat sich selbst erniedrigt, gehorsam bis zum Tode, zum Tode am Kreuz." (2, 6–8) Aus diesem Glauben ergaben sich wichtige Folgerungen für das christliche Verständnis des Menschseins überhaupt. Es wurde nicht entwertet, auch nicht teilweise. Zur Aktivität wurde der Mensch angespornt, Aktivität, die sich dem Nächsten gegenüber zu bewähren hatte. Aus dem Vertrauen erwuchs Tatkraft, nicht Skepsis.

Das waren Möglichkeiten, die die hellenistische Welt nicht zu bieten hatte und die offensichtlich eine immer größere Zahl von Menschen beeindruckten, wie aus der stetigen Ausbreitung des Christentums zu schließen ist.

IV. Die Christen in der römischen Gesellschaft

1. Ambivalentes Verhalten zur Gesellschaft

Das Christentum begann als eine enthusiastische, von der Erwartung des baldigen Kommens des Gottesreiches erfüllte Bewegung. Nur notgedrungen lebte man noch in dieser Welt. Der Verfasser des wohl gegen Ende des ersten Jahrhunderts verfaßten ersten *Petrusbriefes* bezeichnete die Christen als „Fremdlinge" und „Heimatlose" (2, 11). Die zunehmende Ablehnung, auf die die Christen in weiten Teilen der Bevölkerung stießen, und die Prozesse gegen Christen vor regionalen Behörden stützten ein solches Selbstverständnis. So formulierte ein Prediger in der Mitte des zweiten Jahrhunderts in krasser Weise: „Die jetzige und die zukünftige Welt sind zwei Feinde ... Wir können also nicht beider Freund sein. Wir müssen dieser Welt entsagen und uns der anderen anschließen." (2. *Klemensbrief* 6, 3ff.; Übers. Zeller)

Auch eine auf um 200 zu datierende Apologie beklagte die Spannungen, denen der Christ ausgesetzt war: „Obwohl sie [die Christen] griechische und barbarische Städte bewohnen ... und die einheimischen Sitten in Kleidung, Nahrung und sonstiger Lebensführung befolgen, zeigen sie eine erstaunliche und, wie allgemein zugegeben wird, ungewöhnliche Beschaffenheit ihres bürgerlichen Zusammenlebens. Sie bewohnen zwar jeder seine Vaterstadt, aber wie Einwohner ohne Bürgerrecht; sie nehmen an allem teil wie Bürger und ertragen alles wie Fremde ... Sie heiraten wie alle Menschen und haben Kinder; aber sie setzen die Neugeborenen nicht aus. Einen gemeinsamen Tisch bieten sie allen an, aber das Bett haben sie nicht gemeinsam. Im Fleisch befinden sie sich, aber sie leben nicht nach dem Fleisch. Auf der Erde verbringen sie ihre Lebenszeit, aber im Himmel sind sie Bürger. Sie gehorchen den bestehenden Gesetzen und übertreffen doch jeder in seiner eigenen Lebensführung die Gesetze. Sie lieben alle Menschen und werden doch von allen verfolgt. Man weiß nichts über sie, und man verurteilt sie doch ... Man schmäht sie, und sie segnen ... Obwohl sie Gutes tun, werden sie wie Übeltäter bestraft ... Von den Juden werden sie wie Andersstämmige bekämpft und von den Griechen verfolgt; aber den Grund für ihre Feindschaft können diejenigen, von denen sie gehaßt werden, nicht angeben." (*Diognetbrief 5*; Übers. Guyot I, 247. 249)

Schon aus den frühesten christlichen Zeugnissen geht hervor, daß die Christen in das Berufs-, Wirtschafts- und Familienleben eingebunden blieben. Diese Tendenz verstärkte sich noch, je mehr die Hoffnung auf das baldige Kommen des Gottesreiches schwand. Seit dem Apostel Paulus war deshalb das Bemühen der Leiter der Gemeinden auf zwei Ziele gerichtet:

Einerseits erschien es als notwendig, die Christen zu einem besonders ehrbaren Lebenswandel und Geschäftsgebaren zu ermahnen, damit sie keinen unnötigen Anstoß erregten, weder durch Übervorteilung ihrer heidnischen Kollegen noch durch Bestrebungen eines Umsturzes der sozialen Verhältnisse. Offensichtlich war im Laufe der Zeit eine zunehmende Zahl von Christen so vollständig in das Wirtschaftsleben integriert, daß immer wieder vor Gewinnstreben im Handel und vor Zinswucher zu warnen war. Die Notwendigkeit ständiger Wiederholung solcher Ermahnungen läßt darauf schließen, daß die Praxis sich wenig von den Warnungen berühren ließ. Auch im Ehe- und Familienleben unterschied sich das Gros der Christen kaum von ihrer Umwelt. Das Eheideal der Christen war stark von Elementen der Stoa, des Neupythagoreismus und des Judentums geprägt: Die Ehe galt nicht als zweckfrei, sondern hatte für den Fortbestand der Menschheit zu sorgen; die sexuelle Leidenschaft war dabei zu unterdrücken; die Ehe galt als ein Zugeständnis an die menschliche Schwäche, deshalb war nur eine einmalige Heirat erlaubt. Nur das absolut enthaltsame Leben, das christliche asketische Bewegungen propagierten, war der Umwelt unbekannt.

Andererseits galt es, die Grenzen aufzuzeigen, die es für die Christen in dieser Gesellschaft gab. Es sollte der Sinn dafür geschärft werden, daß zwei Auffassungen aufeinanderstießen, deren Kluft eigentlich nicht überbrückt werden konnte. Denn einer vollständigen Identifizierung der Christen mit ihrer Gesellschaft standen Maximen der christlichen Lehre und Ethik entgegen. So galt eine ganze Reihe von Berufen als unvereinbar mit einer Aufnahme in die christliche Gemeinde, so zum Beispiel Kuppler und Dirnen, alle, die irgendwie mit den Götterkulten zu tun hatten, Magier, Zauberer und Wahrsager, alle, die aktiv an Wettspielen und Schauspielen teilnahmen, aktive Soldaten, höhere Staatsämter. Natürlich gab es gerade bei der letzten Gruppe zunehmend Ausnahmen. Im dritten Jahrhundert ließen sich sogar Bischöfe mit obrigkeitlichen Funktionen betrauen.

Auch die Teilnahme an bestimmten Lebensäußerungen der Gesellschaft war den Christen erschwert, so zum Beispiel an spezifisch heidnisch-religiösen Festen, an allem, was mit den Götterkulten zusammenhing, wie Festessen nach Opferhandlungen, an Schauspielen, Wagenrennen, Tierhetzen und Gladiatorenkämpfen, die alle christlicherseits wegen ihrer Unmoral verpönt waren.

Aus diesem selbstgewählten Ausschluß vieler Christen von selbstverständlichen Ausdrucksformen der römischen Gesellschaft erklärt sich zu einem gewissen Teil der Spott und Haß bei Nichtchristen. Nicht nur fühlten sich viele Christen als Fremdlinge in ihrer Gesellschaft, sondern sie wurden auch als Fremdkörper empfunden.

2. Die Christen und der römische Staat

Der römische Bürger der hier zu behandelnden Zeit verstand sich als politisches Wesen in erster Linie auf der kommunalen Ebene mit deren geordneten Strukturen. Das war auch für die meisten Christen der gesellschaftliche Rahmen, in dem sie sich zu bewähren hatten. Mit den höheren staatlichen Funktionsebenen wurden sie seltener konfrontiert, nur zum Beispiel bei Festen zu Kaisergeburtstagen oder bei Gerichtsverhandlungen gegen Christen.

Die Grundlinie der christlichen Haltung gegenüber den obrigkeitlichen Gewalten war vornehmlich durch die folgenden beiden Bibelstellen vorgegeben. Das ist zum einen eine Äußerung des Apostels Paulus im letzten seiner uns erhaltenen Briefe: „Jedermann soll sich den Behörden, die Gewalt über ihn haben, unterordnen. Denn es gibt keine politische Gewalt, die nicht von Gott ihre Vollmacht hat; alle die es gibt, bestehen durch Gottes Anordnung. Wer sich daher der politischen Gewalt widersetzt, hat sich damit in Widerstreit zu der Anordnung Gottes gebracht. Wer sich aber gegen Gottes Anordnung empört, wird sein Verdammungsurteil hinnehmen müssen. Denn für die, die das Gute tun, sind die Machthaber ja kein Schrecken; sondern nur für die, die das Böse tun. Willst du also vor der Behörde keine Furcht haben? So tue Gutes, dann wirst du bei ihr Anerkennung finden. Denn sie ist Gottes Dienerin für dich, damit du das Gute tust. Wenn du aber Böses tust, so fürchte dich! Nicht umsonst trägt sie das Schwert, als Gottes Dienerin, die an dem, der Böses tut, das göttliche Zorngericht zu vollstrecken hat. Darum ist es notwendig, ihr zu gehorchen – nicht nur im Blick auf das Zorngericht, sondern auch um des Gewissens willen. Darum zahlt ihr ja auch Steuern. Gottes Beamte sind sie, die sich damit zu befassen haben. Gebt allen, was ihr ihnen zu geben schuldig seid: Steuer, wem Steuer; Zoll, wem Zoll; Furcht, wem Furcht, Ehre, wem Ehre gebührt." (*Brief an die Römer* 13, 1–7) Zu beachten ist dabei zunächst, daß die göttliche Legitimation betont wird, und darüber hinaus, daß auch diese Sätze unter der Voraussetzung des baldigen Endes der Welt geschrieben waren, wie Vers 11 zeigt: „Und das tut in dem Wissen, daß es Zeit ist: schon ist die Stunde für euch da, vom Schlaf aufzustehen. Denn jetzt ist uns das Heil bereits näher als zu der Zeit, als wir zum Glauben kamen."

Die andere Stelle ist als Wort Jesu im Markus-, Matthäus- und Lukasevangelium überliefert. Die Pharisäer stellten Jesus eine Fangfrage: ‚Ist es erlaubt, dem Kaiser Steuern zu zahlen oder nicht? Sollen wir zahlen oder nicht zahlen?' Doch er durchschaute ihre Scheinheiligkeit und sagte: ‚Was versucht ihr mich? Bringt mir eine Silbermünze, ich will sie mir ansehen.' Sie reichten ihm eine. Da fragte er sie: ‚Wessen Bild und

Aufschrift ist das?' Sie antworteten: ‚Des Kaisers.' Da sagte Jesus zu ihnen: ‚So gebt dem Kaiser, was des Kaisers ist – und Gott, was Gottes ist!'" (*Markusevangelium* 12, 14–17) Auf dem Schlußglied liegt die Betonung.

Eine Ausnahme war die extreme Polemik in der gegen Ende des ersten Jahrhunderts – zur Zeit von örtlichen Christenverfolgungen im westlichen Kleinasien – entstandenen *Offenbarung des Johannes*. Hier wurde in den Kapiteln 17 und 18 Rom als die große Hure Babylon, das Tier aus dem Abgrund bezeichnet.

Die beiden zuerst genannten Bibeltexte bildeten für viele Christen die Richtschnur. Gott und die weltliche Ordnung waren in einen Zusammenhang gestellt, bei dem die Obrigkeiten nur eine verliehene Macht hatten. In ganz knapper Weise brachten das die Märtyrer des nordafrikanischen Städtchens Scilli im Jahre 180 zum Ausdruck, wie es in den *Märtyrerakten* festgehalten ist: „Cittinus sagte: ‚Wir haben keinen anderen, den wir fürchten, außer Gott, unseren Herrn, der im Himmel ist.' Donata sagte: ‚Ehre dem Kaiser, weil er Kaiser ist; Furcht aber gebührt nur Gott.'" (2, 8f.; Übers. Guyot I, 93)

Daß dabei nicht die Ordnungsfunktion des Staates vergessen werden durfte, daß die richtige Relation auch den christenverfolgenden Behörden gegenüber nicht aus dem Auge zu verlieren sei, rief zum Beispiel der alexandrinische christliche Gelehrte Origenes (185–254) ins Bewußtsein. Er antwortete auf die Frage: „Wieso? Die Staatsgewalt, die den Knechten Gottes nachstellt, den Glauben bekämpft, die Religion untergräbt – die soll von Gott sein?" Furcht und Ehre gebühre nur Gott. Gott müsse man mehr gehorchen als den Menschen, doch habe auch der Staat, der Christen verfolge, Ordnungsfunktionen. Paulus schreibe nämlich der Kirche Gottes vor, „daß sie nichts unternehmen dürfe gegen die Fürsten und Gewalten der Welt, sondern durch ein friedliches und stilles Leben ihr eigenes Werk, Gerechtigkeit nämlich und Liebe, ausübe. Stellen wir uns doch nur einen Augenblick vor, die Christgläubigen würden sich zum Beispiel dem Gehorsam gegen die Staatsgewalt entziehen, keine Steuern mehr zahlen, keine Abgaben entrichten, keiner Instanz mehr Furcht und Ehre entgegenbringen – nicht wahr, dann würden doch daraufhin die Schwerter der Staatenlenker sich mit Recht gegen sie zücken; ja sie gäben den Kirchenverfolgern einen gerechten Grund zu ihrer Entschuldigung, sich selbst aber belüden sie mit schwerer Schuld. Sie würden ja nicht mehr verfolgt um des Glaubens willen, sondern wegen politischer Hartnäckigkeit. Und brächte man sie zum Tod, nun, sie hätten diesen Tod verdient, aber der Anlaß zu solchem Tod wäre ihrer unwürdig." (*Römerbriefkommentar* 9, 29f.; Übers. Rahner S. 61f.)

Hippolyt (gest. 235), von apokalyptischem Denken beeinflußt, unterstrich in seinem *Kommentar* zum sechsten Kapitel des *Danielbuches* zwar die Anerkennung der Ordnungsfunktion der Obrigkeit, doch auch die Notwendigkeit des Widerstandes. Daniel „duckte sich nicht vor dem Gesetz des Königs, damit er nicht die Herrlichkeit Gottes setze unter die Herrlichkeit eines Menschen ... wenn man von uns drohend verlangt, Gott nicht mehr zu verehren und nicht zu ihm zu beten, wenn man uns mit Hinrichtung schreckt, dann ist es für uns süßer, zu sterben, als zu tun, was man uns abverlangt ... Ahme du also den Daniel nach. Fürchte dich nicht vor den Satrapen. Ducke dich nicht vor menschlichem Befehl." (Übers. Rahner S. 55f.)

Die Christen nahmen die jüdische Tradition auf, die sich seit der Zeit des babylonischen Exils bewährt hatte, und die der Prophet Jeremia in seinem Sendschreiben an die Verbannten in Babylon in diesem Satz zusammenfaßte: „Suchet das Wohl des Landes, in das ich euch verbannt habe, und betet für es zum Herrn; denn sein Wohl ist auch euer Wohl." (*Jeremia* 29, 7; Übers. Zürcher Bibel) Schon aus dem Ende des ersten Jahrhunderts wird uns ein Kirchengebet der römischen christlichen Gemeinde für die Herrscher überliefert, das allerdings auch die Grenzen ihrer Macht unüberhörbar hervorhob und das zudem mit einer christlichen Heilsdeutung endete: „Herrschergewalt hast du ihnen gegeben, o Herr, Kraft deiner hochherrlichen, unsagbaren Macht, damit wir erkennen die Herrlichkeit und Ehre, die du ihnen verliehen hast, und wir ihnen untertan seien, in nichts deinem Willen zuwider. Verleihe ihnen, o Herr, Gesundheit und Frieden, Eintracht und Stetigkeit, damit sie untadelhaft führen die Herrschaft, die du ihnen gegeben hast. Denn du, o Herr, himmlischer König der Ewigkeit, gibst den Söhnen der Menschen Hoheit und Ehre und Macht über die Dinge der Erde. Lenke ihren Sinn, o Herr, auf das, was gut ist und wohlgefällig vor Deinem Angesicht, daß sie die von dir verliehene Macht in Frieden und Sanftmut führen gottfürchtigen Sinnes, und so teilhaft werden Deiner barmherzigen Güte. Du allein bist mächtig, diese und noch größere Wohltaten an uns zu wirken ..." (1. *Klemensbrief* 60f.; Übers. Rahner S. 41)

Auch der zu Beginn des zweiten Jahrhunderts verfaßte erste Brief an Timotheus, der als Brief des Apostels Paulus gelten will, verband die Verpflichtung zur Fürbitte mit dem Heilsaspekt: „So ermahne ich euch zu allererst dazu, mit Bitten und Gebeten, Fürbitten und Dankgebeten für alle Menschen einzutreten; [besonders] für die Könige und alle Hochgestellten, damit wir ein Leben in Ruhe und Frieden führen können, fromm und anständig in jeder Hinsicht. So ist es recht; so will es Gott, unser Heiland, von uns haben, nach dessen Willen alle Menschen Rettung finden und zur Erkenntnis der Wahrheit gelangen sollen." (1. *Timotheusbrief* 2, 1–4)

Daß das Gebet für den Kaiser nicht als subalternes Verhalten der Christen zu mißdeuten ist, wurde öfters betont, so zum Beispiel von dem Apologeten Theophilos von Antiocheia gegen Ende des zweiten Jahrhunderts: „Also werde ich den Kaiser lieber ehren, nicht indem ich ihn anbete, sondern indem ich für ihn bete. Gott aber, der der wirkliche und wahre Gott ist, bete ich an, da ich weiß, daß der Kaiser durch ihn Kaiser geworden ist ... Ein Gott nämlich ist er nicht, sondern ein Mensch, der von Gott eingesetzt worden ist ... Ihm ist ... von Gott die Verwaltung des Staates anvertraut worden ... Ehre den Kaiser, indem du ihm freundlich gesinnt bist, ihm gehorchst und für ihn betest." (*An Autolykos* 1, 11; Übers. Guyot I 215)

Neben dieser Linie einer gewissen Distanz zur Obrigkeit in dem Wissen um die Überordnung Gottes über die staatliche Macht und des Verantwortungsgefühls für das Heil auch der staatlichen Funktionsträger – bei aller Betonung der christlichen Loyalität – lief eine andere Linie, die eine engere Verbindung der Christen zum Imperium Romanum vertrat. Sie setzte schon im ersten Jahrhundert ein:

Von den Evangelisten unterstrich besonders Lukas das gute Verhältnis zum Staat. Alles an Jesu Person und Wirken, das man als antirömische Haltung hätte deuten können, eliminierte er. Auch Paulus wurde nach seiner Darstellung in der Apostelgeschichte von den römischen Behörden ganz korrekt behandelt. Dieses Werk endet mit einem positiven Ausblick: „Er blieb noch volle zwei Jahre in seiner Mietswohnung [in Rom], empfing alle, die zu ihm kamen, und verkündigte das Reich Gottes und lehrte von dem Herrn Jesus Christus mit allem Freimut ungehindert." (*Apostelgeschichte* 28, 30f.) Keine Rede von Gefängnis oder Hinrichtung, obwohl Lukas ja das Ende des Paulus kannte.

Der Apologet Athenagoras (um 177) versah den Sinn des Gebetes für die Herrscher mit einem politischen Akzent: „Die wir für eure Herrschaft beten, damit der Sohn dem Vater ganz rechtmäßig in der Regierung nachfolge, sowie daß eure Herrschaft wachse und sich mehre." (W. Kinzig, *Novitas Christiana*, Göttingen 1994, S. 448) Eine andere Argumentation vertrat Tertullian in seiner im Jahre 197 verfaßten *Apologie*: „Es gibt noch eine andere, höhere Notwendigkeit für uns, für die Kaiser zu beten, sogar für den Bestand des Reiches insgesamt und für das römische Gemeinwesen, da wir wissen, daß das gewaltige Unheil, das der ganzen Welt bevorsteht ... durch die dem Römischen Reich gewährte Frist aufgehalten werde." (32,1; Übers. Guyot I 217f.)

Justin lenkte seine Beweisführung um die Mitte des zweiten Jahrhunderts in eine besondere Richtung, indem er nämlich betonte, daß die Christen wegen ihrer strengen moralischen Grundsätze bessere Helfer und Verbündete der Obrigkeit seien als andere Menschen (1. *Apologie* 12, 1).

Dieser Gedanke findet sich noch ausgeprägter bei dem Apologeten Meliton von Sardes, der zwischen 160 und 170, an den Kaiser Mark Aurel gewandt, schrieb, daß das Christentum unter Kaiser Augustus entstanden sei und dem Reich viel Glück gebracht habe. „Von da ab nämlich erhob sich die römische Macht zu Größe und Glanz ... Daß unsere Lehre zugleich mit dem Reiche, das glücklich begonnen hatte, zu dessen Wohle erblühte, ergibt sich am deutlichsten daraus, daß ihm von den Zeiten des Augustus an nichts Schlimmes widerfahren ist, daß es im Gegenteil – wie es aller Wunsch ist – lauter Glanz und Ruhm geerntet hat. Die einzigen Kaiser, welche, von böswilligen Menschen verführt, unsere Religion in üblen Ruf zu bringen suchten, waren Nero und Domitian..." (überliefert von Euseb, *Kirchengeschichte* 4, 26, 7–9; Übers. Haeuser) Eine solche Ausdeutung der zeitlichen Parallelität von Christentum und römischem Kaiserreich hatte schon tiefere Wurzeln, wie wir sahen. Sie war von großer weiterer Wirkung.

3. Die Christenverfolgungen

Mit den Verfolgungen von Christen durch den römischen Staat wird ein schwieriges Problem berührt. Denn dieser Staat war an und für sich großzügig gegen fremde Kulte - die Juden hatten sogar eine rechtliche Sonderstellung -, wenn sie nicht unter dem Verdacht des politischen Aufruhrs gegen die römische Ordnung und die römischen Traditionswerte, der Magie und der schlimmsten Verstöße gegen die Moral standen. Wir sahen bereits, daß die Christen durch ihr Anderssein und ihre selbstgewählte teilweise Absonderung von der Gesellschaft solchen Verdächtigungen ausgeliefert waren.

Die genauen Umstände und Motive der ersten uns überlieferten Verfolgung, unter Kaiser Nero im Jahr 64, bleiben im dunkeln. Wir erfahren davon durch einen Bericht des Tacitus, der allerdings mehr als vierzig Jahre nach den Geschehnissen verfaßt wurde. Hartnäckig habe sich die Meinung gehalten, der Kaiser sei selbst für den Brand Roms verantwortlich. „Um also dieses Gerede aus der Welt zu schaffen, schob Nero die Schuld auf andere und bestrafte sie mit ausgeklügelten Martern. Es handelte sich um die wegen ihrer Untaten verhaßten Leute, die das Volk Christen zu nennen pflegte. Der Name geht auf Christus zurück, der unter der Herrschaft des Tiberius durch den Prokurator Pontius Pilatus hingerichtet worden war. Dadurch für den Augenblick unterdrückt, flammte der verhängnisvolle Aberglaube später wieder auf, nicht nur in Judäa, der Heimat dieses Übels, sondern auch überall in der Hauptstadt, wo alle schrecklichen und schändlichen religiösen Bräuche von überall her zusammenkommen und geübt werden. Also ergriff man zuerst die Geständigen, dann auf ihre Anzeige hin eine ungeheure Menge von Leuten, die allerdings nicht gerade der Brandstiftung, aber doch des Hasses gegen das Menschengeschlecht überführt wurden. Mit den zum Tode Verurteilten trieb man auch noch ein grausames Spiel: In Tierhäuten steckend wurden sie von Hunden zerrissen oder ans Kreuz geschlagen und angezündet, um als Fackeln für die nächtliche Beleuchtung zu dienen, sobald der Tag zu Ende gegangen war. Seine Gärten hatte Nero für dieses Schauspiel zur Verfügung gestellt ... Mit jenen Menschen, die doch schuldig waren und härteste Strafe verdient hatten, regte sich daher Mitleid, als müßten sie nicht für das öffentliche Wohl, sondern wegen der Grausamkeit eines einzelnen sterben." (Tacitus, *Annalen* 15, 44, 2–5; Übers. Guyot I 16) Der letzte Satz zeigt, daß Tacitus das Christsein für strafwürdig hielt. Auf welcher Rechtslage fußte eine solche Auffassung?

Einen tieferen Einblick erhalten wir erst durch eine Anfrage des Plinius, Statthalters der kleinasiatischen Provinz Bithynien-Pontus, eines Zeitgenossen des Tacitus, an den Kaiser Trajan aus den Jahren 111–113. Plinius unterbreitete alle schwierigen Fälle seiner Amtspraxis dem Kaiser, so unter anderen auch den folgenden: „An Gerichtsverhandlungen gegen Christen habe ich noch nie teilgenommen; deshalb weiß ich nicht, was und inwiefern man zu bestrafen oder zu untersuchen pflegt. Ich habe nicht wenig geschwankt, ob das Alter irgendeinen Unterschied bedingt oder ob kein Unterschied gemacht wird in der Behandlung junger Leute und Erwachsener, ob der Reue Gnade zu gewähren ist, oder ob es dem, der einmal Christ gewesen ist, nichts hilft, daß er es nicht mehr ist, ob der Name [Christ] allein, wenn keine Verbrechen vorliegen, oder ob nur mit dem Namen verbundene Verbrechen bestraft werden sollen." Örtliche Verfolgungen von Christen waren zu dieser Zeit also nichts Außergewöhnliches mehr, doch war die Rechtslage noch nicht geklärt. Anlässe konnten sein wirtschaftliche Konkurrenz, die aufgebrachte Volksmeinung auf der Grundlage von Gerüchten oder das Gefühl der Störung von Ruhe und Ordnung.

Plinius legte nun dem Kaiser sein eigenes Vorgehen dar: „Vorläufig habe ich bei denen, die mir als Christen angezeigt wurden, folgendes Verfahren angewandt: Ich habe sie gefragt, ob sie Christen seien. Die es bejahten, habe ich ein zweites und drittes Mal gefragt, wobei ich ihnen die Todesstrafe androhte; die dabei blieben, habe ich befohlen abzuführen. Denn ich zweifelte nicht, daß, was auch immer sie vorbringen mochten, Hartnäckigkeit und unbeugsame Halsstarrigkeit bestraft werden müßten. Es gab andere, in dem gleichen Wahn Befangene, die ich, weil sie römische Bürger waren, zur Überführung nach Rom vorgemerkt habe. Als die Anschuldigung sich bald darauf im Laufe der Verhandlungen, wie es zu geschehen pflegt, ausweitete, ergaben sich verschieden gelagerte Fälle." Das einfache Bekenntnis also, ein Christ zu sein, wurde mit dem Tode geahndet. Da Plinius über die Rechtmäßigkeit dieser Verfahrensweise in Zweifel geriet, wandte er sich an den Kaiser.

Er habe eine anonyme schriftliche Denunziation einer ganzen Reihe von Namen erhalten. Alle diejenigen, die den Christennamen verfluchten und den Götterstatuen und dem Kaiserbild Weihrauch und Wein geopfert hätten, habe er freigelassen. Die übrigen haben ihm ihre Zusammenkünfte geschildert. Er habe daran nichts Verbrecherisches entdecken können. „Ich habe nichts anderes gefunden als einen verworrenen, maßlosen Aberglauben." Aberglauben wurde von den römischen Behörden mit Argwohn betrachtet, da er die alten römischen Sitten und Gewohnheiten außer Kraft setzte.

Plinius war sich über das weitere Vorgehen im Ungewissen. „Deshalb habe ich die Untersuchung unterbrochen und mich entschlossen, dich um Rat zu bitten. Die Angelegenheit scheint mir nämlich der Beratung zu bedürfen, vor allem wegen der großen Zahl der Angeklagten; denn vielen jeden Alters, jeden Standes, auch beider Geschlechter wird der Prozeß gemacht und vielen wird er in Zukunft noch gemacht werden. Nicht nur über Städte, sondern auch über Dörfer und Felder hat sich die Seuche dieses Aberglaubens ausgebreitet; man scheint sie aufhalten und heilen zu können. Jedenfalls ist es ziemlich sicher, daß die beinahe schon verwaisten Tempel allmählich wieder besucht, die lange unterbrochenen feierlichen Opfer wieder aufgenommen werden und überall das Fleisch der Opfertiere wieder verkauft wird, für das sich bisher nur selten ein Käufer fand." Könnte man also die genannten Denunzianten in den Gewerbekreisen vermuten, deren wirtschaftliche Existenz auf dem Tempel- und Opferdienst basierte?

Die Antwort des Kaisers wurde Rechtsgrundlage für die folgenden Jahrzehnte: „Insgesamt läßt sich gar nichts festsetzen, was gewissermaßen als klar umrissene Vorschrift dienen könnte. Es soll nicht nach ihnen gefahndet werden; wenn sie angezeigt und überführt werden, soll man sie bestrafen, jedoch so, daß, wer leugnet, Christ zu sein, und das durch die Tat, das heißt, durch Anrufung unserer Götter, beweist ... aufgrund seiner Reue Gnade findet. Anonym eingereichte Anzeigen aber dürfen bei keiner Anklage berücksichtigt werden. Denn das wäre ein schlechtes Beispiel und würde nicht in unsere Zeit passen." (*Briefwechsel Plinius-Trajan*; Übers. Guyot I 38–43) Die Gründe für eine Verurteilung werden dabei eigentlich nicht genannt. Unklar bleibt auch, warum allein schon das Bekenntnis zum Christsein, ohne daß irgendein kriminelles Delikt vorlag, mit dem Tode bestraft wurde. Weiter wird nicht deutlich, wo der Brauch des Opfertestes herrührte.

Kaiser Hadrian (117–138) hielt es für notwendig, in einem Reskript noch klarer Denunziationen und unbegründete Äußerungen des „Volkszorns" auszuschließen und auf die Einhaltung der Grundsätze römischer Gerichtsverfahren und Rechtssprechung zu dringen: „Ich bin der Ansicht, daß die Angelegenheit nicht ohne Untersuchung bleiben sollte, damit die Leute sich nicht beunruhigen und den Denunzianten keine Gelegenheit für ihre Bosheit gegeben wird. Wenn nun die Provinzbewohner ihre Forderung gegen die Christen mit guten Gründen bekräftigen können, so daß sie auch vor Gericht dafür einstehen können, sollen sie nur diesen Weg gehen und sich nicht aufs Fordern oder nur aufs Schreien verlegen. Denn es ist viel besser, daß du, wenn jemand eine Anklage erheben will, die Sache untersuchst. Wenn jemand eine Anklage erhebt und nachweist, daß sie etwas gegen die Gesetze tun, dann fälle dein Urteil entsprechend dem Vergehen; wenn, beim Hercules, jemand in verleumderischer Absicht eine Klage vorbringt, so ziehe ihn wegen seines verbrecherischen Handelns zur Verantwortung und trage Sorge dafür, daß er bestraft wird." (Euseb, *Kirchengeschichte* 4, 9, 1–3; Übers. Guyot I 45)

Aus den Märtyrerakten erhält man ein eindrückliches Bild von dem Druck, den die Volksmenge bei den Prozessen gegen Christen auf die Gerichtsvorsitzenden auszuüben trachtete.

Eine neue Qualität erhielten die Verfolgungen von der Mitte des dritten Jahrhunderts an. Die schlechte wirtschaftliche und außenpolitische Situation des Reiches hatte eine Besinnung auf die alten römischen Werte zur Folge. Der Niedergang wurde als ein Zeichen des Verlustes des Wohlwollens der Götter gedeutet. Besonders die Tausendjahrfeier Roms im Jahre 248 war geeignet, Emotionen zu wecken.

Im folgenden Jahr (249) erließ Kaiser Decius ein Edikt, das alle Reichsbewohner zum Opfer für die Staatsgötter verpflichtete. Diese Maßnahme war nicht speziell gegen die Christen gerichtet, aber diese waren wohl die Hauptadressaten. Sie wurden davon jedenfalls zum ersten Mal reichsweit betroffen.

Es folgte 257/8 eine umfassende und direkt gegen Christen gerichtete Verfolgung, unter Kaiser Valerian (253–260). Der erste Erlaß stammt aus dem Herbst des Jahres 257: Gottesdienstliche Versammlungen – auch auf Friedhöfen – wurden verboten. Ein zweiter Erlaß folgte im Juli des Jahres 258: Kleriker (Bischöfe, Presbyter und Diakone) sollten hingerichtet werden; Christen aus dem Adel wurden mit Degradierung, Vermögenseinzug und bei Beharren auf ihrem Glauben mit der Todesstrafe bedroht; für christliche Frauen aus dem Adel war Vermögensverlust und Verbannung vorgesehen; Christen unter den kaiserlichen Hofbeamten wurden zu Verlust des Vermögens und zur Zwangsarbeit auf den kaiserlichen Domänen verurteilt. Die Edikte selbst sind uns nicht erhalten, sondern nur aus Briefen der Bischöfe Dionysius von Alexandrien (gest. 264/5) und Cyprian von Karthago (gest. 258) in den wesentlichen Punkten zu rekonstruieren.

Nach einer über vierzigjährigen Ruheperiode setzte schließlich – für die Christen völlig überraschend – die letzte große Verfolgung ein, die von 303–311/3 dauerte. Sie ist mit dem Namen des Kaisers Diokletian verbunden. Unsere Informationen darüber beruhen vor allem auf den Berichten der beiden Christen Laktanz und Euseb von Caesarea. Als treibende Kraft wurde von ihnen der Caesar und spätere (seit 305) Augustus Galerius herausgestellt.

Gründe für diese Verfolgung nannte Galerius in seinem Toleranzedikt des Jahres 311, also in der Rückschau: „Unter den übrigen Anordnungen, die wir immer zum Wohl und Nutzen des Staates treffen, wollten wir bisher alles entsprechend den alten Gesetzen und der Staatsverfassung der Römer in Ordnung bringen und dafür sorgen, daß auch die Christen, die die Denk- und Handlungsweise ihrer Vorfahren verlassen hatten, wieder zur Vernunft zurückkehrten. Denn aus irgendeinem Grund hatte ein so starker Eigenwille eben diese Christen erfaßt und eine so große Torheit von ihnen Besitz ergriffen, daß sie den Gebräuchen der Alten nicht mehr folgten, die vielleicht ihre eigenen Vorfahren eingeführt hatten, sondern ganz nach Gutdünken und Belieben sich Gesetze gaben, um sie zu beachten, und in verschiedenen Gegenden verschiedene Völker zu Gemeinschaften vereinigten. Als schließlich von uns der Befehl erging, daß sie zu den Gebräuchen der Alten zurückkehren sollten, wurden viele in Kapitalprozesse verwikkelt, viele aber auch vertrieben." (Laktanz, *Über die Todesarten der Verfolger* 34, 1–3; Übers. Guyot I 189)

Galerius nannte als Gründe den Verstoß gegen das römische Religionsverständnis, die römische Tradition und die damit verbundene Gefährdung des Wohlergehens des Römischen Reiches. Es klingt aber auch die zunehmende Mächtigkeit und Eigenständigkeit der Kirche als Gefahr für den Staat an, die Bildung einer umfassenden und wohlorganisierten Institution. Das war die Sicht des Galerius. Was den Kaiser Diokletian, einen besonnenen Politiker, zu diesem Zeitpunkt zu einem solchen folgenschweren Schritt der Verfolgung eines großen Teiles der Reichsbevölkerung veranlaßt haben könnte, läßt sich aus den Quellen nicht deutlich erheben. Neuerdings wurde der Gedanke geäußert, auch innerkirchliche Auseinandersetzungen, von deren Ausweitung man Gefahren für die Einheit des Reiches befürchtete, hätten eine Rolle gespielt.

Die Verfolgung zielte in systematischer Weise auf die Zerschlagung der Organisation, der geistlichen Leitung und der geistigen Fundamente der Kirche ab. Man begann mit der Entfernung der Christen aus dem Heer. Es folgten die Zerstörung der Kirchen, die Verbrennung der Heiligen Bücher und Entfernung der Christen vom kaiserlichen Hof. Als nächstes wurden die Gemeindeleiter verhaftet und ins Gefängnis geworfen. Des weiteren sollten sie zum Opfer gezwungen werden. Schließlich wurden alle Christen dem Opfergebot unterworfen. Strikt wurden diese Gesetze allerdings nur im Osten des Reiches eingehalten.

Die Verfolgung hatte jedoch trotz allen Terrors ihr Ziel nicht erreichen können. Die Staatsführung mußte ihre Verfügungen zurücknehmen. So räumte Kaiser Galerius im Jahr 311 das Scheitern der Maßnahmen ein: „Da die meisten [der Christen] auf ihrem Vorsatz beharrten und wir sahen, daß sie weder den Göttern die gebührende Anbetung und Ehrfurcht angedeihen ließen noch den Gott der Christen verehrten, so haben wir ... geglaubt, auch diesen unsere bereitwilligste Nachsicht gewähren zu müssen, damit sie wieder Christen sein und ihre Versammlungsstätten wieder aufbauen können, jedoch so, daß sie nichts gegen die öffentliche Ordnung unternehmen ... Daher wird es entsprechend unserem Entgegenkommen die Pflicht der Christen sein, zu ihrem Gott zu beten für unser Wohl, für das Wohl des Staates und für ihr eigenes, damit der Staat nach allen Richtungen hin vor Schaden bewahrt bleibe und sie sicher in ihren Wohnsitzen leben können." (Laktanz, a.a.O. 34, 4f.; Übers. Guyot I 189–191)

Nur in den Diözesen Oriens und Ägypten, im Machtbereich des Kaisers Maximinus Daja, dauerte die Verfolgung noch bis zum Jahr 313, dem Sieg des Kaisers Licinius über Maximinus.

4. Reaktionen der Christen auf die Verfolgungen

Verleumdungen und Verfolgungen gehörten seit der Entstehung der neuen Religion zu den Erfahrungen der Christen. Im *Johannesevangelium* heißt es: „Sie werden euch aus den Synagogen ausstoßen. Ja, es kommt die Stunde, da jeder, der euch getötet hat, meinen wird, er erweise damit Gott einen heiligen Dienst." (16, 2) Viele entsprechende Aussagen finden sich in den anderen Evangelien.

Waren zuerst jüdische Behörden und Gemeinden die Urheber von Verfolgungen, so waren es später die römischen Behörden. Gerade diese staatlichen antichristlichen Maßnahmen, die damit verbundene Rechtsunsicherheit und ganz besonders die auf eine flächendeckende Ausschaltung der Christen abzielenden Aktionen seit der Mitte des dritten Jahrhunderts haben bei den Christen ein Trauma hinterlassen. Denn es verfolgten die Behörden eines Staates, zu dem man sich loyal verhielt, ja den man schätzte, ohne daß man sich eigener Schuld bewußt war.

Martyriumsberichte in großer Zahl und andere Zeugnisse belegen, daß in den Verfolgungen viele Christen ihren Glauben mit dem Leben bezahlt haben. Andere waren zwar am Leben geblieben, aber durch Folter, Verstümmelungen und Zwangsarbeit gezeichnet. Sie galten als „Bekenner" und genossen hohes Ansehen in den Gemeinden.

Auf die Notwendigkeit von Leiden und Martyrien für einen wahren Christen war bereits vielfach im Neuen Testament verwiesen worden. Sie fanden verschiedene Deutungen: als öffentliches Bekenntnis, als Beginn der letzten Zeiten und des Gerichtes Gottes, als Nachfolge Jesu, als Voraussetzung himmlischen Lohnes. In späterer Zeit wurde die Sinndeutung noch vertieft. Die Martyrien wurden als Mittel interpretiert, Unsterblichkeit zu erlangen. Sie garantierten die sofortige Aufnahme in den Himmel und galten als die Vollendung christlicher Tugend.

Die extremste Martyriumssehnsucht finden wir bei Ignatius, dem Bischof von Antiochia, der im ersten Viertel des zweiten Jahrhunderts das Martyrium in Rom erlitt. In einem Brief an die Gemeinde in Rom flehte er, nicht etwa seine Begnadigung zu erwirken. „Laßt mich den Bestien zum Fraß werden; durch sie ist es mir möglich, zu Gott zu gelangen. Gottes Weizen bin ich und werde durch die Zähne der Bestien gemahlen, um als reines Brot Christi erfunden zu werden ... Dann werde ich wahrhaft ein Jünger Jesu Christi sein ... Fleht für mich zu Christus, daß ich durch diese Werkzeuge als ein Opfer für Gott erfunden werde ... Wenn ich aber gelitten haben werde, dann werde ich zum Freigelassenen Jesu Christi werden und in ihm, als ein Freier, auferstehen ... Jetzt fange ich an, ein Jünger zu sein ... Ihn [Christus] suche ich ... Laßt mich reines Licht empfangen. Wenn ich dort angelangt bin, werde ich erst wirklich Mensch sein. Erlaubt mir, ein Nachahmer des Leidens meines Gottes zu sein." (4–6; Übers. Ritter S. 18)

Laut dem *Brief der Gemeinde zu Smyrna* über das Martyrium ihres Bischofs Polykarp und anderer Gemeindemitglieder, dessen Datierung nicht ganz sicher ist (167?), zeige der Tod der Märtyrer, daß sie „in der Stunde ihrer Folterung außerhalb ihres eigenen Fleisches waren, oder besser gesagt, daß der Herr dabeistand und mit ihnen Zwiesprache hielt... Sie hatten immer das Ziel vor Augen, dem ewigen und niemals verlöschenden Feuer zu entkommen, und mit den Augen des Herzens erblickten sie die Güter, die für diejenigen bereitgehalten werden, die standhaft ausgeharrt haben; es sind die

Güter, die kein Ohr gehört und kein Auge gesehen hat und die keinem Menschen ins Herz eingedrungen sind. Ihnen aber hat sie der Herr gezeigt, da sie keine Menschen mehr, sondern schon Engel waren." (2; Übers. Guyot I 51)

Allerdings wird im Brief der Gemeinde zu Smyrna vor einer übertriebenen Martyriumssehnsucht gewarnt: „Beinahe alles, was vorausging, ist geschehen, damit der Herr vom Himmel herab ein Martyrium, das dem Evangelium entspricht, zeigen konnte. Polykarp nämlich wartete ab, bis er verhaftet wurde, wie es auch der Herr getan hat, damit auch wir ihn nachahmen können, indem wir nicht nur an uns selbst denken, sondern auch an unsere Nächsten. Denn es ist ein Zeichen von wahrer und starker Liebe, daß man nicht nur sich selbst retten will, sondern auch Brüder. Gesegnet also und edel sind alle Martyrien, die nach dem Willen Gottes geschehen ... Ein Mann aber, der Quintus hieß, ein Phrygier, der erst vor kurzem aus Phrygien hierher gekommen war, bekam es mit der Angst zu tun, als er die wilden Tiere sah. Er hatte sich aber selbst gestellt und auch einige andere dazu gedrängt, sich freiwillig zu stellen. Der Prokonsul, der ihm unablässig zuredete, konnte ihn schließlich dazu überreden, zu schwören und zu opfern. Deswegen also, liebe Brüder, können wir es nicht billigen, wenn jemand sich freiwillig zum Martyrium drängt, denn so lehrt es das Evangelium nicht." (1. 4; Übers. Guyot I 51. 53) Dieser Grundsatz blieb immer in Geltung.

Doch nicht so sehr die Warnung vor übertriebener Martyriumssehnsucht, sondern ihr Lob blieb der Tenor der späteren Quellen, um nicht der Bereitschaft zum Abfall leichte Argumente zu liefern. So schrieb der Bischof Cyprian von Karthago an die Verfolgten vom Jahre 250: „Preiswürdig ist der Tod, bei dem man um den Preis seines eigenen Blutes die Unsterblichkeit erkauft, bei dem man durch die Vollendung der Tugend Gottes Krone erringt ... Strahlte sie [die Kirche] durch die guten Werke der Brüder in glänzendem Weiß, so ist sie nunmehr im Blut der Märtyrer purpurn gefärbt ... Möge nun jeder einzelne nach der herrlichen Zier der beiden Auszeichnungen streben. Möge jeder durch gute Werke den weißen oder durch sein Leiden den purpurnen Kranz empfangen." (Übers. J. Baer) Hier wird schon die Askese in ihrer Bedeutung in die Nähe des Martyriums gerückt.

Cyprians *Brief an die Bekenner in Rom* faßte die wichtigsten Aspekte noch einmal zusammen: „Welch höheren Ruhm oder welch größeres Glück könnte irgendeinem Menschen zuteil werden als das: sogar inmitten der Henkersknechte unerschrocken Gott den Herrn zu bekennen ... dennoch ungebrochenen Geistes Christus, den Sohn Gottes, zu bekennen, die Welt zu verlassen, um dem Himmel zuzustreben, von den Menschen sich zu trennen, um unter die Engel zu treten; als alle weltlichen Fesseln zu zerbrechen und um frei vor das Angesicht Gottes zu treten, das Himmelreich ohne alles Zaudern festzuhalten, in Christi Namen ein Leidensgenosse Christi zu werden ... gerade durch das Sterben Unsterblichkeit zu erlangen ... ohne Schauder sein Blut zu vergießen, seine Martern um des Glaubens willen liebzugewinnen und das Weiterleben als den Verlust seines [wirklichen] Lebens zu betrachten?" (2–5; Übers. J. Baer)

Das Bild wäre unvollständig, wollten wir hier schließen. Viele verleugneten ihren Glauben unter dem Druck der Verfolgungen und fielen vom Christentum ab. So ist es zum Beispiel für die frühe Zeit dem Pliniusbrief zu entnehmen. Viele besorgten sich durch gute Beziehungen Opferbescheinigungen oder entzogen sich durch Tricks dem Opferzwang oder lieferten die heiligen Schriften aus oder opferten den Göttern und dem Kaiser, weil sie eine solche Handlung für unwesentlich hielten.

Vor allem im Rahmen der umfassenden Verfolgungen des dritten Jahrhunderts wurden die „Gefallenen" (*lapsi*) zum großen Problem für die christlichen Gemeinden. Eindrücklich beschrieb Cyprian, der später selbst das Martyrium erlitt, das Verhalten dieser Christen in der Verfolgung der Jahre 249/251: „Gleich bei den ersten Worten des drohenden Feindes verriet ein allzu großer Teil der Brüder seinen Glauben; und zwar kamen sie nicht [so sehr] unter der Wucht der Verfolgung zu Fall, sondern warfen sich [vielmehr] in freiwilligem Fall selbst zu Boden ... suchten viele nicht einmal den Schein zu retten, als opferten sie gezwungenermaßen. Vielmehr liefen sie unaufgefordert zum Forum ... Wie viele mußten dort von den Behörden, weil der Abend hereinbrach, zurückgestellt werden; und wie viele baten sogar noch darum, ihren Untergang nur ja nicht hinauszuschieben ... Was viele verführt hat, das ist die blinde Liebe zu ihrem Vermögen; und allerdings konnten solche Leute unmöglich dazu bereit und gerüstet sein zu entweichen, die von ihren Schätzen wie von Fesseln in Bann geschlagen waren." (*Über die Gefallenen* 7. 8.11; Übers. Ritter S. 90)

Wie nach den Verfolgungen mit den Reumütigen zu verfahren sei, darüber kam es zu schweren Auseinandersetzungen über das richtige Verständnis der Kirche. War das Ziel eine Kirche der Auserwählten, der Reinen oder eine Kirche, die auch Schwachen gegenüber offen blieb? Schließlich setzte sich die gemäßigte Linie durch, die den Abtrünnigen die Wiederaufnahme ermöglichte, eine Weiche, die in Richtung „Volkskirche" gestellt war.

5. Aspekte christlicher gesellschaftlicher Innovation und Attraktivität

Am Ende des zweiten Jahrhunderts schrieb der nordafrikanische Schriftsteller Tertullian die berühmten Worte nieder: „Kreuzigt, foltert, verdammt, zermalmt uns ... Trotzdem nutzt euch keine noch so große Grausamkeit, sie erhöht nur die Anziehungskraft unserer Gemeinden. Wir nehmen an Zahl zu, so oft wir von euch niedergemäht werden. Ein Samen ist das Blut der Christen." (*Apologie* 50,12f.) Lag also in der Martyriumsbereitschaft der Christen einer der wesentlichen Gründe für ihren Erfolg?

Die Märtyrerakten lassen erkennen, daß die christliche Standhaftigkeit bei den Nichtchristen vielfach als unverständliche Unbelehrbarkeit verstanden wurde, daß die Todesbereitschaft eher abstieß, und daß zudem ja die Standhaftigkeit der Christen bis zum Tode keineswegs die Regel war.

Das Ansehen der Christen mußte also auch auf Faktoren beruhen, die im gesellschaftlichen Bereich lagen. Da ist besonders das Theorem der Gleichheit aller Menschen vor Gott zu nennen. Der Apostel Paulus schrieb an die Gemeinden in Galatien: „Da gilt nicht mehr Jude oder Grieche, nicht mehr versklavt oder frei, nicht mehr Mann oder Frau, denn alle seid ihr Einer in Christus Jesus." (3, 28) Das mußte durchaus als revolutionär empfunden werden – vor allem die Gleichstellung der Frau. Charakteristischerweise fehlt sie auch in den Parallelstellen 1. *Korintherbrief* 12, 13 und *Kolosserbrief* 3, 11. Die Frau stand nach den medizinischen Erkenntnissen der Antike schon allein in biologischer Hinsicht weit unter dem Mann. Es bestanden grundlegende, nicht zu verwischende Unterschiede. Das galt auch für die sozialen Strukturen. In den christlichen Gemeinden konnten aber auch verachtete Schichten der Bevölkerung Heimstatt, Anerkennung und Ansehen finden, gleichberechtigt sein und wichtige eigenständige Betätigungsfelder übernehmen. Die Betätigungsfelder der Frauen waren nicht mehr mit der Herrschaft im Haus erschöpft. Bei einigen gnostischen und häretischen Bewegungen nahmen Frauen sogar herausragende Funktionen ein. Paulus hatte solcher Entwicklung im ersten *Brief an die Korinther* gleich einen Riegel vorgeschoben (14, 34ff.). So klingt in manchem Martyriumsbericht Verwunderung gerade über die Standhaftigkeit der Frauen an. Andere ließen Frauen nur unter dem Mantel des Männlichen zu Heldinnen werden.

„Wir", schreibt Minucius Felix, „mag es euch auch Unbehagen bereiten, lieben uns in gegenseitiger Liebe – denn Haß ist uns fremd. Darum nennen wir einander Brüder – worum ihr uns beneidet. Sind wir doch Menschenkinder des einen Vatergottes." (Dialog *Octavius* 31, 8; Übers. Kytzler I 177) Dieses war die Basis, nicht dagegen ein gesellschaftliches Egalitätsprinzip. Das ist auch der Argumentation in der ersten Zusammenfassung der christlichen Lehre in lateinischer Sprache durch den Philosophen Laktanz um das Jahr 300 zu entnehmen: „Die Gegner sagen: ‚Auch bei euch gibt es Herren und Sklaven. Wie steht es also mit der Gleichheit?' Die Antwort lautet: ‚Eine andere Begründung dafür, daß wir uns gegenseitig den Brudernamen beilegen, gibt es nicht als die, daß wir alle nach unserer Auffassung gleich sind. Denn wie wir alle menschlichen Dinge nicht vom Leiblichen, sondern vom Geistigen her messen, wiewohl die Wesenheit der Körper verschieden ist, so sind sie uns dennoch keine Sklaven mehr, sondern wir halten sie und nennen sie im Geiste Brüder." (*Göttliche Unterweisungen* 5, 15; Übers. A. Hartl)

Es ging also nicht um eine revolutionäre Veränderung der bestehenden sozialen Strukturen, sondern darum, das Problem auf eine höhere Ebene zu heben und auf eine neue Art zu lösen. Interessant ist in dieser Hinsicht der kurze Brief des Paulus an einen Christen mit Namen Philemon. Ihm war sein Sklave Onesimus weggelaufen. Paulus hatte ihn dann zum Christentum bekehrt und sandte ihn nun seinem Herrn als Glaubensgenossen zurück mit der Bitte, ihn wieder als Sklaven aufzunehmen, aber als einen Gleichgesinnten. Auf eine Bestrafung war also zu verzichten.

In der Gemeinde zu Korinth scheint es offensichtlich Forderungen nach sozialer Gleichheit gegeben zu haben. Sie beantwortete Paulus mit den Worten: „Jeder soll in der Lage, in der er berufen ist, bleiben. Bist du als Sklave (in die Gemeinde) berufen? Laß es dir nicht leid sein! Selbst wenn du die Möglichkeit hast, frei zu werden, so bleibe gleichwohl um so lieber (in deinem Stande). Denn der Sklave, der berufen worden ist, dem Herrn zu gehören, ist ein Freigelassener des Herrn; und wer als freier Mann berufen worden ist, ist ein Sklave Christi. Für einen hohen Preis seid ihr gekauft (durch Christi Tod)! Werdet darum keine Menschenknechte! Brüder, jeder soll in dem Stande, in dem er berufen worden ist, vor Gott bleiben." (1. *Korintherbrief* 7, 20–24)

Große Bedeutung für das gesellschaftliche Ansehen der Christen hatte sicher ihre untereinander praktizierte Nächstenliebe, die in der Sorge für die in größter sozialer Not und in voller Hoffnungslosigkeit Lebenden, wie zum Beispiel Witwen und Waisen, für Kranke und Alte, für Gefangene, aber auch für Reisende und – nicht zu unterschätzen – in der

Begräbnisfürsorge ihren unübersehbaren Ausdruck fand. Lukian hatte in seiner Satire *Der Tod des Peregrinus* zwar diesen vollen Einsatz der Christen für die in Not Geratenen lächerlich gemacht, doch durch den Hohn klingt auch eine gewisse Bewunderung solcher Aktivitäten hindurch.

Die Arbeit wurde von den Christen mit Ausnahme weniger Sekten positiv beurteilt. Der Apostel Paulus schrieb schon in seinem zweiten *Brief an die Gemeinde zu Thessalonike*: „Wenn jemand nicht arbeiten will, so soll er auch nicht essen." (3, 10) Beispielgebend hatte er es nicht nur bei Worten bewenden lassen, sondern mit Stolz betont, von seiner eigenen Hände Arbeit seinen Lebensunterhalt zu bestreiten. Die Arbeit wurde von den Christen unter den verschiedensten Aspekten, zum Beispiel der wirtschaftlichen Notwendigkeit oder der Selbstzucht oder der Abwendung des Müßigganges, als selbstverständliche Notwendigkeit angesehen. Dabei wurde keinerlei Art von Tätigkeit verachtet.

Jedoch unterschied sich diese Haltung nur zum Teil von der in der nichtchristlichen Umwelt üblichen Beurteilung. Grundlage darf für uns ja nicht nur die Meinung der obersten Schichten der Gesellschaft sein. Zudem ist ein Unterschied zwischen den griechischen und den römischen Traditionen zu beachten. Bei den Griechen stand das Ideal der Muße höher, das sich aber nur wenige leisten konnten. Bei den Römern galt Arbeit, wenn sie nicht in Abhängigkeit für andere geschehen mußte oder zur Gewinnerzielung im Bereich des Handels diente, auch in den höchsten Schichten als etwas Angesehenes – hier vor allem die Landwirtschaft.

Das Christentum aber setzte keinerlei Grenzen und schuf keine Abstufungen in seiner Beurteilung der Arbeit, was dann eben doch für viele, gerade aus den mittleren und unteren sozialen Schichten, attraktiv sein konnte.

V. Die Herausbildung der frühkatholischen Kirche

Die Frühzeit des Christentums war dadurch gekennzeichnet, daß es gleichermaßen eine Vielfalt unterschiedlicher Verständnisse christlichen Wesens in den Glaubensinhalten und in den Versuchen gab, eine organisatorische Gestalt zu finden. So ergab sich schon gleich zu Beginn für die Apostel die Notwendigkeit, die Grenzen des eigentlich Christlichen gegen fremde Einflüsse, äußere Angriffe wie auch innere Zersetzung zu benennen. Dieser spannungsgeladene Prozeß der Identitätsfindung war nicht zu umgehen, hat aber in seiner Durchführung die christliche Bewegung auch ärmer gemacht.

Hier können aus Raumgründen nur die folgenden Aspekte behandelt werden: die Spannung zwischen einerseits der Notwendigkeit fester Leitungsstrukturen, also Faktoren der Ordnung, die bald ihre Eigengesetzlichkeiten entwickelten, und andererseits den dadurch in den Hintergrund gedrängten „Geistesgaben", also dem charismatischen Charakter des Christentums; die Notwendigkeit, die echte Tradition von falschen Traditionen abzugrenzen, also der Entstehung eines Bibelkanons und einer Glaubenslehre; die Ordnung des gottesdienstlichen und gemeindlichen Lebens.

1. Die Entwicklung fester Leitungsstrukturen

Als die Hoffnung auf ein baldiges Kommen des Gottesreiches zurücktrat, als man sich behaupten mußte in einer feindlichen Umwelt und gegen innerchristliche Bewegungen, die man für schädlich hielt, und als im Laufe der Zeit der Zulauf zum Christentum zunahm, waren feste Strukturen des inneren und äußeren Gemeindeaufbaus notwendig.

Im Anfang standen neben den charismatischen Personen wie Aposteln, Propheten und Lehrern, denen die Verkündigung des Evangeliums oblag, auch Personen, denen die Gemeinden praktische Aufgaben anvertraut hatten wie die Ältesten (Presbyter), Bischöfe (Episkopen) und Diakone. Die Titel der zuletzt genannten stammten aus dem griechischen Vereins- und Kultwesen auf kommunaler Ebene. Im Laufe der Entwicklung hob sich mehr und mehr das Bischofsamt heraus, zog die Verkündigung und den Kult an sich und ordnete sich Presbyter und Diakone unter. Vom dritten Jahrhundert an bildeten vornehmlich diese drei Ämter die Hierarchie. Einzelne Zeugnisse gewähren uns einen Einblick in diesen Prozeß:

Schon gegen Ende des ersten Jahrhunderts hatte in der römischen Gemeinde der Bischof eine überragende Stellung, galt als von den Aposteln mit der Nachfolge betraut und hatte neben sich Diakone. Die Apostel empfingen die rechte Lehre vom Herrn und gaben sie an die Bischöfe weiter. Im 1. *Klemensbrief* (Kap. 42. 44) wandte man sich deshalb in eindringlicher Weise gegen Bestrebungen der Gemeinde zu Korinth, Inhaber dieser Ämter abzusetzen. Die zu gleicher Zeit in Syrien/Palästina entstandene *Apostellehre* (*Didache*), die älteste uns erhaltene Kirchenordnung, nannte drei charismatische Ämter: Lehrer, Propheten und Apostel (§ 11). Daneben sollte man jedoch auch die Bischöfe und Diakone nicht unterschätzen. „Denn auch sie leisten euch den Dienst von Propheten und Lehrern. Achtet sie also nicht gering; denn sie sind eure Geehrten zusammen mit Propheten und Lehrern." (§ 15; Übers. Ritter S. 12) Im ersten Viertel des zweiten Jahrhunderts betrachtete der Bischof Ignatius von Antiocheia in Syrien den Bischof als den Garanten der Einheit der Gemeinde. „Folgt alle dem Bischof, wie Jesus Christus dem Vater, und dem Presbyterium wie den Aposteln; die Diakonen aber achtet wie Gottes Gebot!" (*Brief an die Smyrnäer* 8,1; Übers. Ritter S. 17)

Die schon im 1. *Klemensbrief* vertretene Auffassung, daß die Bischöfe in der Nachfolge der Apostel stünden und deshalb die reine Lehre überlieferten, wurde von Irenäus, Bischof von Lyon (letztes Drittel des zweiten Jahrhunderts), der die frühkatholische Gemeindefrömmigkeit entscheidend geprägt hatte, übernommen und ausgebaut. Damit war die „Apostolische Sukzession" der Bischöfe zu einer tragenden Säule für die weitere Entwicklung der Kirche geworden.

Im dritten Jahrhundert wählten sich manche Gemeinden Bischöfe aus reichen Familien, die in der Kommune Ansehen genossen und auch staatliche Ämter versehen konnten.

Diese Entwicklung wurde nicht widerspruchslos hingenommen. In Konkurrenz standen andere Geistesträger, die auch im Volk höchste Verehrung fanden. Es waren die Märtyrer und Bekenner, die Asketen und die Träger anderer geistlicher Gaben. Die Märtyrer und Bekenner hatten den Himmel geöffnet gesehen, und damit eine engere Verbindung zu Christus erworben als jeder andere Gläubige. Beim Volk galten sie sowohl als moralische Vorbilder wegen ihrer herausragenden christlichen Lebensführung und wegen ihrer Standhaftigkeit im Martyrium als auch als Mittler bei Gott.

Das Asketentum war der hellenistischen Umwelt nicht fremd. Man bewunderte Menschen, die durch Fasten, Wachen, Bedürfnislosigkeit, geschlechtliche Enthaltsamkeit besondere geistige Kräfte besaßen. Die christliche Askese hatte aber christliche Wurzeln, also die vollkommene Nachfolge Christi, die Erwartung des Weltendes, die Vorwegnahme der zukünftigen Welt, die Wiedergewinnung des Paradieses und der ursprünglichen Gottebenbildlichkeit durch Askese. Dieses Asketentum wurde ursprünglich von herumziehenden Wanderasketen oder innerhalb der Familien und Gemeinden gepflegt. Erst von der Mitte des dritten Jahrhunderts an sonderten sich die Asketen ab und zogen an unwegsame Orte. In der Sicht der Laienchristen waren sie diejenigen, die zu den Auserwählten gehörten, mit dem Heiligen eng verbunden waren und eine besondere geistliche Legitimation besaßen.

In der kleinasiatischen Provinz Phrygien entstand nach der Mitte des zweiten Jahrhunderts eine Bewegung, die das nahe Ende der Welt erwartete, den urchristlichen Anspruch auf prophetische Begabung erhob und eine rigorose Askese befolgte. Nach ihrem Gründer Montanus, der sich als der von Jesus verheißene „Tröster" (Paraklet nach *Johannesevangelium* 14, 26; 16, 7) verstand, wurden ihre Anhänger Montanisten genannt. Neben Montanus standen Frauen an der Spitze der Bewegung, die Prophetinnen Maximilla und Priscilla. Die

Montanisten verbreiteten sich in Kleinasien, Italien, Gallien und Nordafrika. Sie wurden nicht wegen Lehrabweichungen bekämpft, sondern wegen ihrer Eigenart und ihrer Vollkommenheits- und Ausschließlichkeitsansprüche.

2. Die Entwicklung der römischen Gemeinde und des römischen Bischofsstuhles

Im Laufe der Zeit erhoben einige angesehene Bischofssitze bedeutender Städte besondere Machtansprüche. Rom, Karthago, Alexandreia, Antiocheia, Ephesos wären hier in erster Linie zu nennen. Im Blick auf die weitere Kirchengeschichte ist die Entwicklung des römischen Bischofsstuhles von ganz besonderer Bedeutung. Auch erlaubt es die Quellenlage, diesen Prozeß am besten zu verfolgen.

Eine christliche Gemeinde gab es in Rom bereits vor Ihrem Besuch durch den Apostel Paulus. Wer sie gegründet hat und zu welcher Zeit das geschah, läßt sich nicht sagen. Auf die – allerdings problematische – Notiz in Suetons Claudiusbiographie ist bereits im ersten Abschnitt des zweiten Kapitels hingewiesen worden. Schon Paulus setzte voraus, daß diese Gemeinde einflußreich war. Ihre besondere Bedeutung ergab sich daraus, daß sie in der Hauptstadt des römischen Reiches ihren Sitz hatte. Rom war nicht nur die administrative, geistige und kulturelle Zentrale des Reiches, sondern auch von einem besonderen Mythos umwoben, von einer Romideologie, die auch auf das Ansehen seiner christlichen Gemeinde nicht ohne Wirkung blieb. In Rom war wohl Paulus hingerichtet worden. Ein Romaufenthalt des Apostels Petrus dagegen ist nicht durch das Neue Testament bezeugt, sondern er wird erst im *Brief des Ignatius von Antiocheia an die römische Gemeinde* angedeutet (4,3). Die römische Gemeinde genoß eine hohe Autorität, und sie erhob schon zeitig einen Führungsanspruch in der Christenheit.

So ist uns aus dem Ende des ersten Jahrhunderts ein Mahnschreiben an die Gemeinde zu Korinth erhalten. Hier findet man Sätze wie: „Wer aber ungehorsam gegen das ist, was

Gott durch uns gesagt hat, der soll wissen, daß er sich in Sünde und große Gefahr begibt." „Ihr werdet uns große Freude bereiten, wenn ihr dem gehorcht, was wir unter der Leitung des Heiligen Geistes geschrieben haben." (1. *Klemensbrief* 59, 1; 63, 2)

Dieser Anspruch wurde von anderen respektiert. Im ersten Viertel des zweiten Jahrhunderts schrieb der Bischof Ignatius von Antiocheia an sie: „An die Kirche . . ., die auch den Vorrang hat am Ort der Römer, die Gottes würdig, ehrwürdig, preiswürdig, lobwürdig, des Erfolges würdig, keusch ist und den Vorrang hat in der Liebe, die das Gesetz Christi hat." (*Brief an die Römer* 3, 1) Und in einem um 170 verfaßten Brief des Bischofs Dionysios von Korinth lesen wir: „Von Anfang an hattet ihr den Brauch, allen Brüdern auf mannigfache Weise zu helfen und vielen Gemeinden in allen Städten Unterstützungen zu schicken. Durch die Gaben, die ihr von jeher geschickt habt, da ihr als Römer einen überlieferten römischen Brauch festhaltet, erleichtert ihr die Armut der Dürftigen und unterstützt ihr die in den Bergwerken lebenden Brüder. Euer heiliger Bischof Soter hat diesen Brauch nicht nur festgehalten, er hat ihn auch noch erweitert, soferne er sowohl reichliche Gaben an die Heiligen verteilt als auch die (nach Rom) kommenden Brüder wie ein liebender Vater seine Kinder mit frommen Worten tröstet." (Euseb, *Kirchengeschichte* 4, 23, 10; Übers. Haeuser) Die Gemeinde mußte also vermögender als andere gewesen sein und fühlte sich für die Christenheit des Imperium Romanum verantwortlich. Irenäus von Lyon schrieb im letzten Drittel des zweiten Jahrhunderts: „Denn mit dieser Kirche müssen wegen ihres besonderes Vorranges alle Kirchen übereinstimmen, da in ihr die Gläubigen aller Orte die apostolische Überlieferung bewahrt haben." (*Gegen die Häresien* 3, 3, 2)

Beispielgebend für die gesamte Kirche waren die liturgische Tradition und die innere Ordnung der römischen Gemeinde. Die nach 210 wohl durch den römischen Presbyter Hippolyt verfaßte *Apostolische Überlieferung* hat ihre wesentlichen Merkmale festgehalten.

Bald zeigte sich aber auch bei manchen römischen Bischöfen ein besonderer Machtanspruch. Er wurde sichtbar in der Festsetzung des Ostertermins. Die Kleinasiaten feierten mit den Juden am 14. Nisan (d. i. 1. März), hatten also einen vom Wochentag unabhängigen feststehenden Ostertermin, während Rom den Brauch vertrat, Ostern auf den ersten Sonntag nach dem ersten Frühlingsvollmond zu legen, ein Brauch, der heute allgemein in der Kirche üblich ist. Schon im Jahr 155 verhandelte der kleinasiatische Bischof Polykarp von Smyrna mit dem Bischof Anicet von Rom darüber, ohne daß es eine Einigung gab. Um das Jahr 190 versuchte dann der Bischof Victor I. von Rom, das römische Modell des Ostertermins in der ganzen Kirche durchzusetzen. Damit löste er einen Streit aus, der die ganze Christenheit des Reiches erfaßte. Durchsetzen konnte er sich damit nicht.

Es zeugt von der Bedeutung, aber auch der geistigen Aufgeschlossenheit der römischen Gemeinde, daß alle, die in der Gesamtkirche Wirkung erzielen wollten, nach Rom gingen. So wirkte dort zunächst auch mancher, der dann als Ketzer exkommuniziert wurde. Besonders herausragende Beispiele sind der Gnostiker Valentin und der gnostisch beeinflußte Markion. Sie wurden schließlich aus der Kirche ausgeschlossen.

Im dritten Jahrhundert kam es auch zu Schismen in Rom zwischen Vertretern einer rigorosen und einer aufgeschlossenen Haltung. Dabei vertraten die römischen Bischöfe einen gemäßigten, vermittelnden Standpunkt, der bereits weitsichtig die Volkskirche im Blick hatte und alle Rigorosität für abträglich hielt.

In einer Auseinandersetzung zwischen dem Bischof Kallist (217–222) und dem Presbyter Hippolyt erlaubte der Bischof Ehebrechern – bislang galt Ehebruch als unvergebbare Todsünde – eine Buße. Die Kirche sei ein aus Reinen und Sündern gemischtes Gebilde bis zum Jüngsten Gericht. Als Beleg verwies Kallist auf 1. *Mose* 6, 19ff. (die Tiere in der Arche Noahs) und auf das *Matthäusevangelium* 13, 29f. (Unkraut im Weizen). Hippolyt mit seinen Anhängern trennte sich daraufhin von der Gemeinde.

Erneut wurde in der römischen Gemeinde das Bußproblem dadurch akut, daß in der Decischen Christenverfolgung (250/1) viele Christen das Opfer für die Staatsgötter und den Kaiser vollzogen, also ihren Glauben verleugneten und nun wieder in die Gemeinde aufgenommen werden wollten. Wieder war es der Bischof, Cornelius (251/3), der die Linie seines Vorgängers vertrat. Die Kirche sei die „Kirche der Vielen". Dagegen stand die Auffassung des Presbyters Novatian, der den Anspruch der „Kirche der Reinen", der Vollkommenen erhob. Auf einer Synode wurden Novatian und seine Anhänger aus der Kirche ausgeschlossen.

Rom bewies seine großzügige und zukunftsoffene Haltung auch im sogenannten Ketzertaufstreit zwischen den Kirchen von Rom und Karthago in den Jahren 255/7. Es ging dabei letztlich um das Problem, ob die Gültigkeit der kirchlichen Sakramente von der Heiligkeit der Amtsträger abhänge oder von der Würde des Spendenden unabhängig sei. Die rigorose Haltung des Bischofs Cyprian von Karthago konnte sich nicht durchsetzen. Von gesamtkirchlicher Bedeutung war diese Auseinandersetzung zum einen dadurch, daß Bischof Stephan I. von Rom (254–257) mit Hinweis auf *Matthäusevangelium* 16, 18f. („Du bist Petrus, und auf diesem Felsen will ich meine Gemeinde erbauen; und auch die Höllenpforten sollen sie nicht überwältigen. Ich will dir die Schlüssel zum Himmelreich übergeben: Was du auf Erden binden wirst, das gelte auch im Himmel als gebunden; und was du auf Erden lösen wirst, das gelte auch im Himmel als gelöst.") den Primatsanspruch erhob, der von Cyprian abgelehnt wurde, und zum anderen, weil Cyprian die theoretischen Grundlagen des Kirchenverständnisses formulierte, die die weitere Entwicklung, die scharfe Trennung von Großkirche und Häresie und den Ausgliederungsprozeß zunehmend großer Teile der Christenheit wegen Abweichungen in der Lehre bestimmten. Seine These lautete, daß es außerhalb der Großkirche kein Heil gebe, daß auch nur eine innerhalb der Großkirche gespendete Taufe Gültigkeit habe.

Die Auseinandersetzungen zwischen den Vertretern einer volkskirchlichen Ausrichtung und denen der Reinheit der Kirche als einer Gemeinschaft der Heiligen währten auch noch über die „Konstantinische Wende" hinaus. Die Zukunft gehörte aber dem großkirchlichen Verständnis.

Auch die Kaiser erkannten die besondere Stellung der römischen Gemeinde in der Kirche an. Aus dem Jahr 272 ist die Nachricht auf uns gekommen, daß der heidnische Kaiser Aurelian denjenigen als den rechten Bischof von Antiocheia anerkannte, der die Billigung der Bischöfe Italiens und Roms hatte (Euseb, *Kirchengeschichte* 7, 30, 19). Und Kaiser Konstantin I. legte im Jahr 312 den ersten kirchlichen Streitfall, der ihm vorgetragen wurde, zur Entscheidung in die Hände des Bischofs Miltiades von Rom und einiger gallischer Amtsgenossen (Euseb, *Kirchengeschichte* 10, 5, 18–20). Schon in früher Zeit zeigte sich also das besondere Ansehen, bahnte sich aber auch bereits der besondere Machtanspruch, der Herrschaftsanspruch der römischen Bischöfe über die ganze Kirche an. Der weitere, zum Teil sehr unerfreuliche Weg führt über den hier darzustellenden Zeitraum hinaus.

3. Die Entstehung des biblischen Kanons der beiden Testamente

Ein wichtiger Schritt auf dem Wege der Konsolidierung der frühkatholischen Kirche und ihrer Lehre war die Ausbildung des biblischen Kanons, der in enger Verbindung mit der Herausbildung einer Glaubensregel erfolgte.

Ursprünglich war das Alte Testament die einzige Heilige Schrift der Christen. Die jüdische Kanonbildung war allerdings erst Ende des ersten Jahrhunderts abgeschlossen, als sich bereits der jüdische und der christliche Weg getrennt hatten. Erst seit der zweiten Hälfte des zweiten Jahrhunderts bemühten sich die Christen intensiver um die Frage, welche Schriften denn zum Kanon des Alten Testaments zu zählen waren. Benutzt wurde von den Christen die sogenannte *Septuaginta*, eine Übersetzung ins Griechische aus dem dritten bis ersten Jahrhundert v. Chr., die nach der Legende von 70 Gelehrten besorgt sein sollte.

Im Zusammenhang mit dem Prozeß der Kanonisierung des Alten Testaments und der theologischen Unterscheidung zwischen Altem und Neuem Bund kam es im Laufe der zweiten Hälfte des zweiten Jahrhunderts auch zur Sammlung von Evangelien, Briefen und Schriften, die sich zu einem fest umgrenzten Neuen Testament entwickelte, und damit bildete sich eine zweigeteilte christliche Bibel heraus. Unser frühestes Zeugnis für einen festen neutestamentlichen Kanon stammt aus der Zeit um 200 und ist im Westen, wohl in Rom, entstanden. Im Jahre 1740 entdeckte der italienische Gelehrte Muratori dieses wohl nicht offizielle, kommentierende Verzeichnis in Mailand in einer Handschrift des achten Jahrhunderts. Es trägt seitdem seinen Namen: *Canon Muratori*. Sein Anfang und Ende ist leider nicht erhalten. Von den späteren 27 kanonischen Schriften enthält es bereits die vier Evangelien, die Apostelgeschichte des Lukas, die Briefe des Paulus an die Korinther, Epheser, Philipper, Kolosser, Galater, Thessalonicher, Römer, Philemon, Titus, Timotheus, einen Brief des Judas, zwei Briefe des Johannes, die Offenbarung des Johannes. Es fehlen der Hebräerbrief, der Jakobusbrief, die beiden Petrusbriefe, ein Johannesbrief. Zusätzlich wird die Weisheit Salomos und die Offenbarung des Petrus genannt. Der „Hirt des Hermas", eine im Beginn des zweiten Jahrhunderts in Rom verfaßte Schrift aus der Gattung der Apokalypsen, wird nur zur privaten Lektüre empfohlen.

Damit war die neutestamentliche Kanonbildung nicht abgeschlossen. Origenes und, ihm folgend, Euseb von Caesarea unterschieden drei Gruppen von Schriften: allgemein anerkannte, zweifelhafte und häretische. Vor allem die Offenbarung des Johannes, die Briefe des Jakobus, des Judas, der Hebräerbrief, der zweite Brief des Petrus, der zweite und dritte Johannesbrief blieben noch lange umstritten.

Über den vorhergehenden Prozeß der Sammlung von Schriften und ihrer Kanonisierung wissen wir wenig. Es gab schon früh Sammlungen von Sprüchen und Reden Jesu oder von Briefen des Paulus. Für einzelne Evangelien oder Briefe ist uns aus dem zweiten Jahrhundert ihre Verwendung im Gottesdienst bezeugt. Die Bewertungskriterien waren aber noch unterschiedlich. In der Forschung ist es umstritten, welchen Einfluß die gnostischen Gemeinden, Markion und die Montanisten auf die Festlegung des biblischen Kanons gehabt haben. Markion, der sich von 138 bis zu seiner Exkommunizierung im Jahr 144 in Rom aufgehalten hatte, verwarf das Alte Testament völlig und von der christlichen Überlieferung alles, was in seinen Augen jüdisch geprägt war. Sein neutestamentlicher Kanon enthielt nur ein von vermeintlichen jüdischen Interpolationen gereinigtes Lukasevangelium und zehn von ihm ebenfalls redigierte Paulusbriefe, nämlich die Briefe an die Korinther, die Galater, die Römer, die Thessalonicher, die Epheser, die Kolosser, Philemon, die Philipper.

Als Auswahlprinzipien des frühkatholischen neutestamentlichen Kanons galten die Abfassung durch Apostel oder Apostelschüler als den Zeugen und Garanten der ursprünglichen, unverfälschten, reinen Lehre und die Orientierung an der Glaubensregel. Dieser Prozeß der Bekenntnisbildung, der im folgenden dargestellt wird, vollzog sich parallel zur biblischen Kanonisierung.

4. Die Bekenntnisbildung

In den frühesten Schriften des Christentums findet man Huldigungsformeln an Jesus als Christus, als Gottessohn und als erhöhten Herrn sowie hymnenartig formulierte Glaubensaussagen. Letztere hatten die Abwehr falscher Lehren zum Ziel. Sie waren also der jeweiligen Situation angepaßt. Fakten aus Jesu Geschichte wurden genannt, seine Menschwerdung aus Maria und Gottes Geist, sein Leiden und Tod, seine Auferstehung und Erhöhung in den Himmel.

Vom zweiten zum dritten Jahrhundert erhielten die Bekenntnisse noch mehr substantielle Fülle zur Sicherung der christlichen Glaubenswahrheiten gegen Irrlehren. Noch immer handelte es sich dabei nicht um normative Zusammenfassungen der Lehre. Den jeweiligen Herausforderungen wollte man damit beggenen.

Als letzte Stufe der Bekenntnisbildung in vorkonstantinischer Zeit kam es zur Formulierung von kurzgefaßten Lehrleitfäden. Auch sie stellten noch keineswegs kirchlich bindende Normen dar. Vielmehr handelte es sich um Glaubensbekundungen entweder einzelner Gemeinden oder privater Natur. Ihre Notwendigkeit ergab sich entweder aus Unterrichtszwecken oder aus dem liturgischen Gebrauch. Hier ist vor allem das *Romanum* zu nennen, das seine endgültige Form in der Mitte des dritten Jahrhunderts fand: „Ich glaube an Gott, [den Vater], den Allmächtigen; und an Christus Jesus, seinen eingeborenen Sohn, unseren Herrn, der geboren wurde aus [dem] Heiligen Geist und Maria der Jungfrau, der unter Pontius Pilatus gekreuzigt und begraben wurde, am dritten Tage auferstand, aufgefahren ist in die Himmel, sitzt zur Rechten des Vaters, von dannen er kommt zu richten Lebende und Tote; und an den Heiligen Geist, eine heilige Kirche, Vergebung der Sünden, Auferstehung des Fleisches [und ein] ewiges Leben" (Übers. Ritter S. 106). Aus ihm entwickelte sich mit einigen Zusätzen das *Apostolicum*, das in den abendländischen Kirchen bis heute in Gebrauch ist.

Erst nach der „Konstantinischen Wende" kam es dann unter dem Einfluß des Staates zu ökumenischen Synodalentscheidungen über allgemein verbindliche Formulierungen der allein richtigen Glaubenswahrheiten. Das unbekümmerte freie Nachdenken über die Glaubenswahrheiten erfuhr nun große Einschränkungen. An seine Stelle trat das ängstliche Bemühen, die gesetzten Grenzen der Rechtgläubigkeit nicht zu überschreiten. Auf diese Weise wurde die geistige Dynamik des frühen Christentums, die Impulse für die stets neue Interpretation des christlichen Glaubens gab, gelähmt. Theologische Unabhängigkeit geriet immer mehr in den Verdacht des Unerlaubten, wenn nicht gar der Häresie.

5. Die Ordnung des gottesdienstlichen und gemeindlichen Lebens

Im folgenden können nur die drei wichtigsten Aspekte hervorgehoben werden. Sie hängen eng miteinander zusammen.

Das Abendmahl: Auch im gottesdienstlichen Verständnis vollzogen sich in den ersten Jahrhunderten entscheidende Wandlungen. Im Zentrum der urchristlichen Gemeindezusammenkünfte stand das Gemeinschaftsmahl. Informationen zu der Art und Weise seiner Durchführung und zu seiner Deutung können wir den Paulusbriefen und der Apostelgeschichte entnehmen. Es handelte sich um richtige Mahlzeiten, die in die Gemeinschaft mit dem historischen Jesus eingefügt waren und gleichzeitig in der Erwartung des messianischen Freudenmahles der Endzeit standen. Dieses Verständnis der Mahlfeier hat sich noch bis in den Beginn des zweiten Jahrhunderts erhalten, wie die in dieser Zeit in Syrien/Palästina entstandene *Apostellehre* (*Didache* 9f.) zeigt.

In anderen Gemeinden vollzogen sich jedoch schon zur gleichen Zeit für die weitere Entwicklung des Kirchenverständnisses entscheidende Wandlungen in der Deutung des Gemeinschaftsmahles, aber auch der dabei Handelnden. Der um das Jahr 95 geschriebene erste *Klemensbrief* bezeugt für die römische Gemeinde eine Orientierung an den kultischen Ordnungen und Opfervorstellungen, wie sie im Alten Testament niedergelegt sind. Hier wird der in der Gemeinde zu Korinth noch lockere, im urchristlichen Sinne vollzogene Ritus korrigiert: „... müssen wir alles, was der Herr zu festgesetzten Zeiten zu tun befohlen hat, ordnungsgemäß tun. Was den Vollzug der Opfer und die Erfüllung der Kultpflichten anlangt, so hat er ja nicht befohlen, sie sollten aufs Geratewohl oder ohne Ordnung geschehen, sondern zu bestimmten Zeiten und Stunden. Wo und durch wen er den Vollzug wünscht, hat er selbst in seinem allerhöchsten Ratschluß bestimmt, auf daß alles gewissenhaft und nach seinem Wohlgefallen geschehe und seinem Willen genehm sei." (40; Übers. Ritter S. 9) Genannt werden der Hohepriester, die Priester und Leviten.

Können wir in Rom die alttestamentlichen Einflüsse verfolgen, so in Antiocheia die der Mysterienkulte. Ignatios von Antiocheia bezeichnete um 115 in seinem Brief an die Gemeinde zu Ephesos das Abendmahl als „die Arznei der Unsterblichkeit und ein Gegengift, das den Tod verhindert, vielmehr ermöglicht, fort und fort in Jesus Christus zu leben" (*Brief an die Epheser* 20; Übers. Ritter S. 18). Hier ist aus dem Mahl bereits ein heilschaffendes Sakrament geworden.

Der aus Samaria stammende, in Rom lebende Philosoph und Märtyrer Justin gab in seiner um 150 geschriebenen Apologie wohl den römischen Brauch wieder, aber doch als allgemeinverbindlichen zu seiner Zeit. Wir stellen eine weitere Verengung fest: „Denn nicht wie gewöhnliches Brot und gewöhnlichen Trank nehmen wir diese Dinge, sondern wie Jesus Christus unser Heiland, durch Gottes Wort Fleisch geworden, um unseres Heiles willen sowohl Fleisch wie Blut besaß, so ist nach unserer Lehre auch jene Speise, für die mit einem auf ihn selbst zurückgehenden Gebet Dank gesagt wurde und mit der sich unser Fleisch und Blut entsprechend der Wandlung nähren, Fleisch und Blut des fleischgewordenen Jesus." (1. *Apologie* 66,2; Übers. Ritter S. 38)

Als letztes Beispiel für die fortschreitende Deutung der Eucharistie sei hier Cyprian, Bischof von Karthago, zitiert, der um die Mitte des dritten Jahrhunderts schrieb: „Wisse, daß wir ermahnt sind, bei der Darbringung des Kelches die Tradition zu wahren, die auf den Herrn zurückgeht, und nichts anderes zu tun, als was der Herr zuvor für uns getan hat." Der Kelch habe eine Weinmischung zu enthalten, denn Christus habe gesagt, er sei der wahre Weinstock (*Johannesevangelium* 15,1), zudem sei der Wein das Symbol für das zur Erlösung der Gläubigen vergossene Blut, schließlich bezeuge die Bibel, daß der Kelch des letzten Mahles mit den Jüngern eine Weinmischung enthalten habe. „Es ist daher offensichtlich, daß das Blut Christi nicht dargebracht wird, wenn dem Kelch der Wein gebricht, und das Opfer des Herrn nicht mittels der vorschriftsmäßigen Weihe gefeiert wird." Es „handelt gewiß jener Priester wahrhaft als Christi Stellvertreter, der das, was

Christus getan hat, nachahmt, und er bringt Gott, dem Vater, in der Kirche dann ein wahres und vollkommenes Opfer dar, wenn er es so darzubringen anfängt, wie er es selbst von Christus dargebracht sieht." (*Epistula* 63; Übers. Ritter S. 95f.)

Die Taufe: Am Abendmahl durften nur getaufte Christen teilnehmen – mit den Worten Justins: „... wer unsere Lehren für wahr hält und das Bad zur Vergebung der Sünden und zur Wiedergeburt [die Taufe] empfangen hat und nach den Weisungen Christi lebt." (1. *Apologie* 66,1; Übers. Ritter S. 38)

Von Anfang an galt die Taufe durch Eintauchen in Wasser als Vorbedingung für die Aufnahme in eine christliche Gemeinde. Jesus und einige seiner Jünger hatten die eschatologische Bußtaufe Johannes des Täufers empfangen. Doch unterschied sich die christliche Taufe von ihr wie von rituellen Waschungen der Juden durch ihren Vollzug auf den Namen Jesu, durch ihre Einmaligkeit, durch die Vermittlung der Gabe des Heiligen Geistes (Handauflegung) und dadurch, daß sie keine Selbsttaufe war.

In der ältesten uns erhaltenen Kirchenordnung aus dem Beginn des zweiten Jahrhunderts heißt es: „Tauft auf den Namen des Vaters und des Sohnes und des Heiligen Geistes in fließendem Wasser. Wenn du aber kein fließendes Wasser hast, taufe mit anderem Wasser. Kannst du nicht in kaltem, so in warmem. Hast du aber beides nicht, so begieße dreimal das Haupt, auf den Namen des Vaters und des Sohnes und des Heiligen Geistes." (*Apostellehre* [*Didache*] 7,1f.; Übers. Ritter S. 11) Vorangehen sollte ein Fasten von ein oder zwei Tagen. In der nach 210 in Rom wohl von Hippolyt verfaßten *Apostolischen Überlieferung* wird uns bereits ein voll entfalteter Taufritus beschrieben (20f.; Übers. *Fontes Christiani* 1, S. 253–271).

In der Mitte des dritten Jahrhunderts forderte Cyprian, der Bischof von Karthago, die sofortige Säuglingstaufe (*Epistula* 64; Übers. Ritter S. 96).

Die Buße: Die Taufe, das Abendmahl und das Problem der Buße waren eng miteinander verknüpft. Durch das Bad der Taufe erlangte der Gläubige ja die Reinheit von den Sünden.

In der *Apostellehre* (*Didache* 10) aus dem Beginn des zweiten Jahrhunderts heißt es: „Ist einer heilig, so trete er hinzu [zum Empfang des Abendmahles]. Ist er es nicht, so tue er Buße." Es war aber lange umstritten, ob diese nach der Taufe überhaupt erlaubt sei und wie sie zu erfolgen habe.

Im ersten Jahrhundert lebte man noch ganz in der Naherwartung der Wiederkunft Christi. So schloß der zwischen den Jahren 80 und 90 verfaßte Hebräerbrief die Möglichkeit einer zweiten, nach der Taufe erfolgenden Buße kategorisch aus: „Wer einmal erleuchtet worden ist und die himmlische Gabe zu schmecken bekommen hat, wer am Heiligen Geist Anteil bekommen und das gute Wort Gottes und die Kräfte der künftigen Weltzeit zu schmecken bekommen hat – und dann wieder abgefallen ist, der ist nicht noch einmal zur Umkehr und Erneuerung zu bringen. Denn solche Leute kreuzigen den Sohn Gottes von sich aus aufs neue und geben ihn öffentlich der Schande preis." (*Hebräerbrief* 6, 4–6)

Da sich aber die Hoffnungen der Naherwartung so bald nicht erfüllten, kam es dann doch zum Brauch einer zweiten Buße, allerdings nur als einer einmaligen Ausnahme. Die unter dem Namen *Hirte des Hermas* wohl in Rom zwischen den Jahren 140 und 150 verfaßten Schriften widmeten sich ganz dieser Problematik. Der Bußengel verkündete hier: „Wer Vergebung der Sünde empfing, hätte nicht mehr sündigen dürfen, sondern in Züchten leben müssen." Aus Mitleid aber mit den sündigen Menschen, habe der Herr eine zweite Bußmöglichkeit eingesetzt. „Wenn jemand nach jener großen und heiligen Berufung [in der Taufe], vom Satan versucht, sündigt, dann hat er [diese] eine [Möglichkeit zur] Buße. So er aber immer wieder sündigt und bereut, nützt das einem solchen Menschen gar nichts; wird er doch schwerlich das Leben erlangen." (*Gebote* 4, 3; Übers. Ritter S. 22f.)

Das konnte nur eine Zwischenlösung sein. Denn je mehr Missionserfolge die Kirche im Laufe der folgenden Jahrhunderte hatte, um so mehr bewegte sie sich auf eine Volkskirche zu. So stießen zwei gegensätzliche Auffassungen aufeinander. Die eine wollte die Kirche als eine Gemeinschaft der

Reinen und Vollkommenen, die andere richtete sich an einem den Gläubigen entgegenkommenderen und die menschliche Schwachheit einkalkulierenden Modell aus. Auf die daraus resultierenden Auseinandersetzungen wurde schon oben im zweiten Abschnitt hingewiesen.

Namentlich in der zweiten Hälfte des dritten Jahrhunderts, in der mehr als vierzigjährigen Zeit des Religionsfriedens im Reich, konnte sich die frühkatholische Kirche stabilisieren. Dieser Prozeß einer Konsolidierung wurde durch die große Verfolgung zu Beginn des dritten Jahrhunderts, die zumindest im Ostteil des Reiches die Existenz der Kirche völlig gefährdete, jäh abgebrochen. Nach Beendigung dieser Verfolgung wäre eine ruhige Phase zur Besinnung und zur Klärung der Positionen des weiteren Weges notwendig gewesen. Statt dessen erhielt die Großkirche von der Zeit Kaiser Konstantins I. an überraschend Anteil an der Macht, und es wurden Anforderungen an sie gestellt, denen sie zu diesem Zeitpunkt jedenfalls nicht gewachsen war. Diese als „Konstantinische Wende" bezeichnete Entwicklung weist allerdings über den Rahmen dieses Buches hinaus.

Zeittafel

Politische Geschichte	Kirchen- und Geistesgeschichte
27 v.Chr.– 68 n.Chr. Julisch-claudische Dynastie	
14–37 Tiberius	Jesu Tod
37–41 Caligula	Steinigung des Stephanus
41–54 Claudius	um 49 Apostelkonzil in Jerusalem
	51ff. echte Paulusbriefe
54–68 Nero	nach 60 Tod des Paulus (Rom?)
	Tod des Petrus (Rom?)
	62 Jakobus (Bruder Jesu) gesteinigt
64 Brand Roms	64 Neronische Verfolgung
66–73 Jüdischer Krieg	
69–96 Flavische Dynastie	
69–79 Vespasian	nach 70 Markusevangelium, Kolosserbrief, Epheserbrief
70 Zerstörung Jerusalems und des Tempels	
79–81 Titus	nach 80 Lukasevangelium, Apostelgeschichte, Matthäusevangelium
81–96 Domitian	1. Petrusbrief
	Hebräerbrief
	nach 90 Johannesevangelium
	um 95 Verfolgungen in Rom und Kleinasien
96–98 Nerva	1. Klemensbrief, Offenbarung des Johannes, Jakobusbrief
98–117 Trajan	
111/13 Plinius-Trajanbriefwechsel	Anfang 2. Jh.: Didache (Apostellehre)
	um 115 Tod des Ignatius
117–138 Hadrian	Verbot für Juden, Aelia Capitolina (Jerusalem) zu betreten
132–135 Barkochbaaufstand	
138–161 Antoninus Pius	144 Ausschluß Markions aus der römischen Gemeinde
	nach 150 Montanismus
	um 156 Martyrium des Polykarp

161–180 Mark Aurel	um 160 – nach 220 Tertullian
	um 165 Martyrium Justins
	178 Irenäus Bischof von Lyon
	um 178 Kelsos: Der wahre Logos
180–192 Commodus	185/6–254 Origenes
	190ff. Osterfeststreit zwischen
	Rom und Kleinasien
193–235 Severische Dynastie	um 200 Canon Muratori
	Minucius Felix: „Octavius"
193–211 Septimius Severus	nach 210 Traditio apostolica
	(Apostolische Überlieferung)
212–217 Caracalla	
218–222 Elagabal	217(?)–235 Schisma Hippolyts
	217–222 Kallist Bischof von Rom
222–235 Severus Alexander	
235–284 Soldatenkaiser	
235–238 Maximinus Thrax	
244–248 Philippus Arabs	
248 Tausendjahrfeier Roms	
249–251 Decius	250/1 Decische Verfolgung
	251f. Bußstreit und Schisma
	Novatians in Rom
251–253 Gallus	
253–260 Valerian	255–257 Ketzertaufstreit zwischen
	Karthago und Rom
	257/8 Valerianische Verfolgung
	258 Martyrium des Cyprian
260–268 Gallienus	260 Restitutionsedikt des
	Gallienus
270–275 Aurelian	
285–305 Tetrarchie	
Diokletian, Galerius, Maximian, Konstantius Chlorus	
	303–311/3 Diokletianische Verfolgung
	311 Toleranzedikt des Galerius
Konstantin I. (306–337)	313 Mailänder Vereinbarung

Auswahl weiterführender Literatur

Altaner, Berthold/Stuiber, Alfred: *Patrologie. Leben, Schriften und Lehre der Kirchenväter*, 8. Aufl., Freiburg u.a. 1978

Andresen, Carl/Ritter, Adolf Martin: *Geschichte des Christentums*, Bd. I 1, Stuttgart/Berlin/Köln 1993

Becker, Jürgen: *Paulus. Der Apostel der Völker*, 2. Aufl., Tübingen 1992

Brown, Peter: *Die Keuschheit der Engel. Sexuelle Entsagung, Askese und Körperlichkeit im frühen Christentum*, München 1994 (dtv 2990)

Campenhausen, Hans Frhr. von: *Amt und geistliche Vollmacht in den ersten drei Jahrhunderten*, 2. Aufl., Tübingen 1963

Campenhausen, Hans Frhr. von: *Die Entstehung der christlichen Bibel*, Tübingen 1968

Cullmann, Oscar: *Petrus. Jünger – Apostel – Märtyrer. Das historische und das theologische Petrusproblem*, 3. Aufl., Zürich 1985

Dodds, Erec Robertson: *Pagan and Christian in an Age of Anxiety. Some Aspects of Religious Experience from Marcus Aurelius to Constantine*, Cambridge 1968

Feldtkeller, Andreas: *Identitätssuche des syrischen Urchristentums. Mission, Inkulturation und Pluralität im ältesten Heidenchristentum*, Freiburg/Göttingen 1993

Frohnes, Heinzgünter/ Knorr, Uwe W.(Hrsg.): *Kirchengeschichte als Missionsgeschichte*, Bd. 1, München 1974

Guyot siehe unter Klein

Haeuser, Philipp/Kraft, Heinrich/Gärtner, Hans Armin: *Eusebius von Caesarea. Kirchengeschichte*, 3. Aufl., München 1989

Harnack, Adolf von: *Die Mission und Ausbreitung des Christentums in den ersten drei Jahrhunderten*, 4. Aufl., Leipzig 1924

Jedin, Hubert/Martin, Jochen: *Atlas zur Kirchengeschichte*, 2. Aufl., Freiburg u.a. 1987

Kelly, John N. D.: *Altchristliche Glaubensbekenntnisse*, 2. Aufl., Göttingen 1993 (UTB 1746)

Klauck, Hans-Josef: *Die religiöse Umwelt des Urchristentums*, Stuttgart 1995

Klein, Richard/Guyot, Peter: *Das frühe Christentum bis zum Ende der Verfolgungen. Eine Dokumentation*, Bd. 1: *Die Christen im heidnischen Staat*, Bd. 2: *Die Christen in der heidnischen Gesellschaft*, Darmstadt 1993/4 (Texte zur Forschung 60/62)

Lietzmann, Hans: *Geschichte der Alten Kirche*, 3. Aufl., Berlin 1953

Martin, Jochen/ Quint, Barbara (Hrsg.): *Christentum und antike Gesellschaft*, Darmstadt 1990 (Wege der Forschung 649)

Meeks, Wayne A.: *Urchristentum und Stadtkultur. Die soziale Welt der paulinischen Gemeinden*, Gütersloh 1993

Rahner, Hugo: *Kirche und Staat im frühen Christentum*, München 1961

Rengstorf, Karl Heinrich/Kortzfleisch, Siegfried von (Hrsg.): *Kirche und Synagoge*, Bd. 1, München 1988 (dtv 4478)

Ritter, Adolf Martin: *Alte Kirche*, 2. Aufl., Neukirchen 1982 (Kirchen- und Theologiegeschichte in Quellen Bd. 1)

Rudolph, Kurt: *Die Gnosis*, 3. Aufl., Göttingen 1990 (UTB 1577)

Schenke, Ludger: *Die Urgemeinde. Geschichtliche und theologische Entwicklung*, Stuttgart/Berlin/Köln 1990

Schöllgen, Georg: *Ecclesia sordida? Zur Frage der sozialen Schichtung frühchristlicher Gemeinden am Beispiel Karthagos zur Zeit Tertullians*, Münster 1984

Schreckenberg, Heinz: *Die christlichen Adversus-Judaeos-Texte und ihr literarisches und historisches Umfeld (1.–11. Jh.)*, 2. Aufl., Frankfurt u.a. 1990

Stead, Christopher: *Philosophie und Theologie*, Bd. 1: *Die Zeit der Alten Kirche*, Stuttgart/Berlin/Köln 1990

Tröger, Karl-Wolfgang: *Das Christentum im zweiten Jahrhundert*, Berlin 1988

Vouga, François: *Geschichte des frühen Christentums*, Tübingen/Basel 1994 (UTB 1733)

Wilken, Robert L.: *Die frühen Christen. Wie die Römer sie sahen*, Graz/Wien/Köln 1986

Wischmeyer, Wolfgang: *Von Golgatha zum Ponte Molle. Studien zur Sozialgeschichte der Kirche im dritten Jahrhundert*, Göttingen 1992

Zeller, Dieter: *Christus unter den Göttern. Zum antiken Umfeld des Christusglaubens*, Stuttgart 1994

Soweit nicht anders vermerkt, werden die Übersetzungen aus dem Neuen Testament nach Ulrich Wilckens, Das Neue Testament, 1979, gegeben. Die Übersetzungen von Texten frühchristlicher Schriften wurden entweder den oben genannten Titeln oder der Übersetzungsreihe „Bibliothek der Kirchenväter", 2. Aufl., Kempten u.a. 1911–1938, entnommen.

Glossar

Achtzehngebet Jüdisches tägliches Pflichtgebet, morgens, nachmittags und abends zu sprechen
Apokalyptik (griech. „enthüllen") Jüdische und christliche Schriftgattung der Zukunftsenthüllung
Areopag (griech. „Areshügel") Dem Gott Ares geweihter Hügel in Athen (nordwestlich der Akropolis). Stätte des Gerichtshofes
Augustus Beiname Octavians und der späteren Kaiser. Seit der Reform des Kaisers Diokletian Titel der Hauptkaiser
Benediktion (latein. „Segen") Segensspruch
Caesar Beiname der römischen Kaiser. Seit der Reform des Kaisers Diokletian Titel der Thronfolger und Nebenkaiser
Eucharistie (griech. „Danksagung") Im Judentum und Urchristentum Lobgebet. Im späteren Christentum Bezeichnung der sakramentalen Teile der Abendmahlsfeier
Gnosis (griech. „Wissen, Erkenntnis") Aus jüdischen, iranischen und griechischen Elementen bestehende, nicht einheitliche, streng dualistische religiöse Bewegung der Spätantike. Im 2./3. Jahrhundert Konkurrentin des Christentums
Häresie (griech. „Parteiung") Christliche Sondergruppe, die abweichende Lehren vertritt
Hellenismus Verschmelzung griechischer und orientalischer Kultur seit Alexander dem Großen
Kanon (griech. „Maßstab, Richtschnur") Verzeichnis der von der Kirche anerkannten heiligen Schriften
Mailänder Vereinbarung Abmachung über die religiöse Toleranz im Reich, getroffen von den Kaisern Konstantin I. und Licinius im Februar 313 in Mailand
Mysterienkulte (griech. „Geheimnisse") Geheimkulte, die nur Eingeweihten zugänglich waren
Prinzipat (*princeps* latein. „der Erste") Bezeichnung der frühen römischen Kaiserzeit (1.–3. Jahrhundert)
Restitutionsedikt Verfügung über die Rückgabe des in den Christenverfolgungen enteigneten kirchlichen Vermögens
Schema Israel (hebr. „Höre Israel") Jüdisches tägliches Pflichtgebet, mit den dazugehörigen Benediktionen morgens und abends zu sprechen
Schisma (griech. „Spaltung") Abspaltung von der Großkirche ohne Trennung in der Lehre
Severer Dynastie römischer Kaiser (193–235)
Sibyllinische Orakel Sammlung von Weissagungen. Ursprünglich heidnisch, dann jüdisch umgeformt und aufgefüllt, schließlich christlich überarbeitet und interpoliert

Synkretismus (griech. „Mischung") Verschmelzung griechischer, römischer und orientalischer Religionen im römischen Reich der ausgehenden Antike

Tetrarchie (griech. „Viererherrschaft") Teilung der Herrschaft im römischen Reich durch Kaiser Diokletian unter zwei Hauptkaiser (Augusti) und zwei Mitkaiser (Caesaren), die designierte Nachfolger der Augusti waren

Register

Abendmahl 112–114, s. auch unter Eucharistie
Aberkios 29 f.
Achtzehnbittengebet 37
Anicat (Bischof von Rom) 106
Antijudaismus (röm.) 43, 45 f.
Antiocheia 18, 20
Apokalyptik 68
Apologetik 69
Apostelgeschichte des Lukas
2, 22 67
15 18
17, 5–13 36
17, 17–21, 31–34 56
18, 12–17 36
21, 15–25, 12 36
28, 30 f. 85
Apostelkonzil 18
Apostolicum 111
Apostolische Sukzession 102
Arbeit 100
Areopag 56
Asketen 62, 103
Athenagoras (Apologet) 85
Auferstehungsglaube 76
Aurelian (Kaiser) 108

Barkochba 37
Barnabas (Apostel) 18, 46
Barnabasbrief 46, 48, 49
Bekenner 93, 103
Bekenntnisbildung 110 f.
Benediktion 37
Bischof 101–103
Buße 107, 114–116

Caesar (Titel) 91
Canon Muratori 109
Christenverfolgungen 8, 22, 96–103, 107

Cornelius (röm. Bischof) 107
Cyprian (Bischof von Karthago) 91, 93 f., 95 f., 107, 113, 114

Decius (Kaiser) 90
Diakon 101 f.
Didache 21, 102, 112, 114, 115
Diognetbrief 78 f.
Diokletian (Kaiser) 8, 22, 91–93
Dionysius (Bischof von Alexandreia) 91
Dionysius (Bischof von Korinth) 105

Elia 67
Elisa 67
Eucharistie 29, 112 f., s. auch unter Abendmahl
Euseb (Bischof von Caesarea) 8, 10, 13 f., 39, 50, 62, 64 f., 109

Galaterbrief des Paulus
1, 13–2, 21 41
2 18
3, 13 30
3, 23–26 42
3, 28 98
5, 2–6 42
5, 11 30
6, 15 72
Galen 59 f.
Galerius (Kaiser) 91–93
Gebet für die Kaiser 83 f.
Glaubensregel 110 f.
Gleichheit 98
Gnosis 13, 70, 72, 110

Hadrian (Kaiser) 89 f.
Hebräerbrief
1, 1 40
6, 4–6 115

123

Heidenchristen 18 f.
Hellenismus 23 f.
Hippolyt (röm. Presbyter) 83, 105, 106, 114
Hirt des Hermas 109, 115

Ignatius (Bischof von Antiocheia) 94, 102, 104 f., 113
Irenäus (Bischof von Lyon) 47 f., 71, 102, 105

Jakobus (Bruder Jesu) 8, 18
Jakobusbrief
 5, 1–6 27
Jerusalem 8, 18, 35, 36, 39
Johannes (Apostel) 18
Johannes der Täufer 114
Johannesevangelium
 4, 48 68
 8, 44 43
 14, 26 103
 15, 1 113
 16, 7 103
Juden/Judentum 8, 11, 17 f., 28, 30, 34–52
Judenchristen 18
Julius Africanus 10, 60, 63 f.
Justin (Apologet) 37 f., 38 f., 48 f., 66, 73 f., 85, 113

Kallist (röm. Bischof) 106
Kanon (biblischer) 108–110
Kelsos 14, 57–59
Ketzertaufstreit 107
Klemens von Alexandreia 10, 27, 69, 72
Klemensbrief 102, 104 f., 112
Knechtschaft (der Juden) 47, 49
Kolosserbrief
 2, 8 61
 3, 11 98
Konstantin I. (Kaiser) 8, 54, 108, 111, 116

Konstantinische Wende 3, 6, 19, 123, 127, 134
1. Korintherbrief des Paulus
 1, 18, 22 f. 30
 6, 12 26
 7, 20–24 99
 7, 21 25
 12, 13 98
 14, 34 ff. 98
 15, 12–14. 17–19 76
2. Korintherbrief des Paulus
 11, 24 f. 36

Laktanz 10, 98
Lapsi 96 f.
Lehre der Apostel 61 f.
Letztes Gericht 76
Licinius (Kaiser) 93
Logos 66
Lukian von Samosata 56 f., 100
Lukas (Evangelist) 19, 55, 85
Lukasevangelium
 3 31
 3, 14 28

Märtyrer 103
Märtyrerakten 35 f., 90, 97
Magie 32, 67
Markion 47, 106, 110
Markusevangelium
 6, 7–11 20
 12, 14–17 81 f.
 13, 10 18
 13, 22 68
Martyrien 93–96
Matthäusevangelium
 1 31
 10, 5 f. 17
 13, 29 f. 106
 15, 24 17
 16, 18 f. 107
 19, 24 26
 24, 24 18
 26, 52 27
 27, 25 44

Meliton von Sardes 86
Miltiades (röm. Bischof) 108
Minucius Felix 24, 30 f., 32, 38, 73, 98 f.
Monotheismus 75
Montanisten 103 f., 110
Mysterienkulte 53 f., 66 f.

Naherwartung 20 f., 101
Nero (Kaiser) 8, 86
Novatian (röm. Presbyter) 107

Odium generis humani 45
Offenbarung des Johannes 36, 43, 82
  2, 9   36, 44
  3, 9   36, 44
  17, 18   82
Orakelwesen 67
Origenes 10, 14, 38, 46, 60, 62 f., 72 f., 82 f., 109
Ostertermin 106

Paulus (Apostel) 8, 11, 18, 19–21, 25, 26, 29, 30, 35 f., 41–43, 47, 55 f., 74, 75–77, 81, 98, 99, 100, 104
Pella 8, 39
Petrus (Apostel) 8, 18, 104
1. Petrusbrief
  2, 11   78
  2, 18   25
Pharisäer 40
Philemon (Sklave) 99
Philipperbrief des Paulus
  2, 6–8   77
  2, 9–11   65
Pionius (Märtyrer) 36
Pliniusbrief 87–89, 96
Polykarp (Bischof von Smyrna) 36, 94 f., 106
Porphyrios (Neuplatoniker) 14, 59
Presbyter 101 f.

Primatsanspruch (römischer) 107
Reichtum 26 f.
Religio licita 28, 40
Römerbrief des Paulus
  3, 25 f.   76
  9   47
  9–11   42
  13, 1–7   81
  15, 19 f. 22–24   19 f.
Rom 8, 20, 29, 37, 47, 48, 104–108
Romanum 111

Säuglingstaufe 114
Schema Israel 37
Septuaginta 108
Severer (Dynastie) 53
Sibyllinische Orakel 68
Sklaven 24 f., 99
Soldaten 27
Sol invictus 54, 75
Städte 20, 23, 28 f.
Stephanus (Märtyrer) 35, 41
Stephan I. (röm. Bischof) 107
Sueton 39, 104
Sukzession (apostolische) 71

Tatian (Apologet) 74
Taufe 114
Tertullian 49, 97
Tetrarchie 22
Theophilos (Apologet) 84
1. Thessalonicherbrief des Paulus
  1, 9 f.   74
  2, 14–16   42 f.
2. Thessalonicherbrief des Paulus
  3, 10   100
Thora 17, 18, 35, 41 f., 47 f.
1. Timotheusbrief
  2, 1–4   84
  6, 18 f.   26
Toleranzedikt des Galerius 91–93
Trajan (Kaiser) 89

Valentin (Gnostiker) 106
Victor I. (Bischof von Rom) 106

Wiederkehr Christi s. unter Naherwartung

Witwen und Waisen 24, 25 f., 99 f.
Wunder 67 f.

Zauberei 32

Religion und Kult bei C. H. Beck
Eine Auswahl

Peter Antes (Hrsg.)
Große Religionsstifter
Zarathustra, Mose, Jesus, Mani, Muhammad, Nanak, Buddha,
Konfuzius, Lao Zi
1992. 242 Seiten mit 1 Abbildung. Leinen

Louise Bruit Zaidman/Pauline Schmitt Pantel
Die Religion der Griechen
Kult und Mythos
Aus dem Französischen von Andreas Wittenburg
1994. 256 Seiten mit 23 Abbildungen. Leinen

Walter Burkert
Antike Mysterien
Funktionen und Gehalt
3., durchgesehene Auflage. 1994. 153 Seiten mit 12 Abbildungen.
Gebunden

Manfred Clauss
Mithras
Kult und Mysterien
1990. 215 Seiten mit 124 Abbildungen. Gebunden

John Dominic Crossan
Der historische Jesus
Wer Jesus war, was er tat, was er sagte
Aus dem Englischen von Peter Hahlbrock
2. Auflage. 1995. 630 Seiten. Leinen

Hans-Jürgen Goertz
Die Täufer
Geschichte und Deutung
2., verbesserte und erweiterte Auflage. 1988.
228 Seiten mit 12 Abbildungen. Leinen

Religion und Kult bei C. H. Beck
Eine Auswahl

Bernhard Lohse
Martin Luther
Eine Einführung in sein Leben und sein Werk
2., durchgesehene Auflage. 1982. 257 Seiten. Leinen

Tilman Nagel
Der Koran
Einführung – Texte – Erläuterungen
2., unveränderte Auflage. 1991. 371 Seiten. Leinen

Georg Schwaiger (Hrsg.)
Mönchtum, Orden, Klöster
Von den Anfängen bis zur Gegenwart. Ein Lexikon
2., durchgesehene Auflage. 1994. 483 Seiten. Leinen

Günter Stemberger
Einleitung in Talmud und Midrasch
8., neubearbeitete Auflage. 1992. 367 Seiten. Broschiert
(C. H. Beck Studium)

Pierre Teilhard de Chardin
Der Mensch im Kosmos
Aus dem Französischen von Othon Marbach
Unveränderter Nachdruck der bei C. H. Beck erschienen, gebundenen
deutschen Ausgabe von 1959. 1994. 326 Seiten mit 4 Abbildungen.
Paperback
(Beck'sche Reihe Band 1055)

Stephan Wehowsky (Hrsg.)
Die Welt der Religionen
Ein Lesebuch
1991. 300 Seiten mit 8 Abbildungen. Paperback
(Beck'sche Reihe Band 470)